La poda paso a paso

La poda paso a paso

Colin Crosbie

Editorial El Ateneo

UN LIBRO DE DORLING KINDERSLEY
www.dk.com

EDITORA SENIOR Zia Allaway
DISEÑADORES SENIOR Rachael Smith,
Vanessa Hamilton
DIRECTOR EDITORIAL Anna Kruger
DIRECTOR DE ARTE Alison Donovan
DISEÑADOR DTP Louise Waller
INVESTIGACIÓN FOTOGRÁFICA Lucy Claxton,
Richard Dabb, Mel Watson
CONTROL DE PRODUCCIÓN Rebecca Short

PRODUCIDO PARA DORLING KINDERSLEY
Airedale Publishing Limited
DIRECTOR CREATIVO Ruth Prentice
GERENTE DE PRODUCCIÓN Amanda Jensen

FOTOGRAFÍA Mark Winwood

Crosbie, Colin
    La poda paso a paso / Colin Crosbie ; adaptado por Marcela
García Henríquez de Sury. - 1.ª ed. - Buenos Aires : El Ateneo, 2009.
    160 p. ; 24x19 cm.

    Traducido por: Marcela García Henríquez de Sury
    ISBN 978-950-02-0250-3

1. Jardinería. I. García Henríquez de Sury, Marcela, adapt. II. García
Henríquez de Sury, Marcela, trad. III. Título
    CDD 635.9

Título original: *RHS Simple Steps: Easy Pruning*
Traductora y adaptadora: Marcela García Henríquez de Sury

Copyright © Dorling Kindersley Limited, 2007

Copyright del texto © Royal Horticulture Society, 2007

Derechos exclusivos reservados para la Argentina, el Uruguay,
Chile y el Paraguay

© 2009, Grupo ILHSA S.A. para su sello Editorial El Ateneo
Patagones 2463 - (C1282ACA) Buenos Aires - Argentina
Tel.: (54 11) 4943 8200 - Fax: (54 11) 4308 4199
Correo electrónico: editorial@elateneo.com

1.ª edición: 1° de julio de 2009

ISBN 13: 978-950-02-0250-3

Queda hecho el depósito que marca la ley 11.723

Impreso en Singapur

Contenido

Por qué y cuándo podar el jardín

Un cuidadoso proceso de poda permite lograr hermosos resultados en el jardín. Algunas plantas se ven mejor cuando se recortan ligeramente para dar un aspecto natural, mientras que otras se pueden podar para crear formas elegantes y creativas. Además, existen técnicas específicas de poda que estimulan el crecimiento de tallos con flores y frutas, lo que da más color y atractivo al jardín durante todo el año. Encuentre inspiración en los jardines que se muestran en este capítulo y luego siga los consejos que aquí se incluyen para poner en práctica ideas que lo sorprenderán.

Poda informal

A la mayoría de los jardineros les encanta el aspecto natural de un jardín repleto de flores y follaje que no parece haber sido podado. Si bien esta apariencia se puede obtener con mínimo trabajo, lograr un estilo informal requiere algo de práctica.

Fotografías, en el sentido de las agujas del reloj, desde la izquierda

Libre y silvestre La escena de los rosales que crecen en el jardín de una casa de campo antigua es el ícono del diseño inspirado en la naturaleza. Sin embargo, y a pesar de las apariencias, este efecto es el resultado de un proceso periódico de poda. Los brotes largos y delgados que arruinan la forma de los rosales rastreros que cubren la pared se deben podar en el cuerpo principal de la planta apenas se detectan. En el otoño o a principios de la primavera, se realiza una leve poda general de la planta para mantener su forma. Es necesario hacer una poda severa cada tres o cinco años.

Bayas bonitas Los Espinos de fuego (*Pyracantha*) son excelentes setos informales que funcionan como barreras a prueba de ladrones, ya que sus tallos espinosos mantienen alejados a los visitantes no deseados. Estos arbustos alcanzan su desarrollo durante el otoño, momento en el que se cubren de bayas, y se podan ligeramente durante la primavera. Tenga la precaución de no podarlos demasiado ya que se corre el riesgo de perder los frutos.

Barreras naturales El éxito de este diseño no es accidental. Una selección inteligente de las plantas a emplear y un cuidadoso cronograma de poda garantizan su apariencia natural. Si se deja completamente sin podar, una o más plantas se convertirán en dominantes y tomarán el control. Las hojas color plateado de la *Santolina* y la salvia dorada se recortan ligeramente cada año, mientras que la *Hypericum* Hidcote se debe podar cada dos o tres años para mantener su forma. Cuando florecen completamente, pareciera que el cerco nunca se hubiera podado.

Color y textura Una buena combinación de las plantas y un correcto espacio entre ellas garantiza que este cantero compuesto por *Ceanothus* Puget Blue, naranjo de México o azahar mexicano (*Choisya* Aztec Pearl) y frondosas madreselvas (*Lonicera nitida* Baggesen's Gold) requiera solamente una poda mínima. Si se eligieron plantas vigorosas o si las especies seleccionadas se colocaron muy próximas entre sí, el cantero demandará mucho más trabajo. Los tallos de *Ceanothus* se podan todos los años una vez que florecen (*ver pág. 56*) y las ramas laterales de la *Choisya* y de las madreselvas frondosas se deben cortar cada dos o tres años para mantener el equilibrio.

Poda para lograr un aspecto formal

Los árboles y los arbustos se pueden podar y guiar para obtener una gran variedad de formas y es posible utilizarlos para lograr efectos estupendos en diseños formales. Utilícelos para generar centros de atención, crear vistas y telones de fondo y otorgar forma y estructura al jardín.

Fotografías, en el sentido de las agujas del reloj

Efecto entrelazado Árboles como las limas (*Tilia*) o el ojaranzo (*Carpinus*) se pueden guiar para formar una estructura similar a un seto formal sobre un conjunto de troncos rectos. Este efecto se logra guiando las ramas horizontalmente de manera que queden entrecruzadas con las del árbol próximo que también se guía de la misma forma. Cada año se deben podar completamente los brotes que crecen en estas ramas hasta llegar a la rama principal, lo que da como resultado un seto con una estructura particular. Utilice árboles entrelazados para crear un efecto de seto elevado o a modo de pantalla para un jardín formal.

Diseños con plantas Un parterre se compone de setos dispuestos según patrones formales y canteros. Los setos pueden ser de distintas alturas y anchos y tener diseños complejos o simples. Las plantas a utilizar en un parterre deben ser variedades que crezcan de manera tupida y que toleren una poda intensa, como el boj (*Buxus*) o el tejo (*Taxus*).

Revestimiento de rosas Se han podado y guiado los rosales hasta cubrir los soportes de madera que enmarcan la vista del jardín que se encuentra más atrás. Enormes macizos de rosas floribunda e híbridos de té también componen el diseño formal.

Elegancia en las alturas Este hermoso arbusto, *Viburnum rhytidophyllum,* se podó de manera tal de crear un punto de atención sorprendente. Se han cortado los tallos de la parte inferior y en la parte superior se formó una copa llena de ramas que pareciera flotar sobre sus elegantes "patas". Este estilo de poda se puede aplicar a distintas plantas, pero funciona mejor en arbustos perennes.

Dosel arbolado Para crear esta estructura frondosa en altura, se han guiado diferentes *Sorbus aria* de manera que las ramas superiores formen un arco que se une en el centro. No se deben dejar crecer ramas en los troncos, ya que esto podría arruinar el efecto, y aquellas que se utilizan para formar la sección superior, se podan anualmente para que la estructura no pierda su forma. Lleva varios años crear un dosel de este tipo con características tan llamativas.

Poda para crear espacio

En general, las plantas se podan para mantenerlas bajo control, pero con técnicas más creativas es posible lograr efectos encantadores, como por ejemplo, retirar los tallos inferiores de árboles y arbustos para crear formas elegantes y generar lugar adicional para plantar otras variedades.

Fotografías, de izquierda a derecha

Guiar plantas estándar Las formas similares a paletas redondas son muy útiles en el diseño de jardines ya que son atractivas y dan estructura. Las plantas que se podan dejando a la vista el tronco desnudo se denominan "estándar". Esta técnica es una excelente forma de acotar el tamaño de los arbustos grandes y crear un espacio debajo para colocar un cantero con plantas amantes de la sombra.

Pequeñas wisterias que parecen árboles
Si no se podan, las wisterias se convierten en grandes trepadoras, pero es posible limitar su avance si se practican técnicas cuidadosas de poda. Los árboles frutales se pueden guiar y podar para ubicarlos en espacios reducidos.

Abedules estilizados   La característica más hermosa de un abedul plateado (*Betula*) es su reluciente tronco blanco. Para que se luzcan los troncos, retire las ramas inferiores. De esta manera, libera espacio para plantar otras opciones debajo, una ubicación ideal para plantas que necesitan sombra, como estas *Rodgersia*. Esta técnica de poda se puede practicar en cualquier árbol o arbusto con cortezas atractivas.

Poda para favorecer el florecimiento

Si se aplican las técnicas adecuadas de poda, es posible aumentar la cantidad de flores que produce la planta. Saber cuándo y dónde podar puede marcar la diferencia entre un resultado poco convincente y un espectáculo de colores y aromas.

Fotografías, en el sentido de las agujas del reloj, desde la izquierda

Lluvia púrpura Como un telón de flores perfumadas a fines de la primavera, la *Wisteria sinensis* se debe guiar cuidadosamente. No olvide realizar la poda de espolones todos los años a fines del invierno para promover la formación de capullos (*ver págs. 78-9*). La *Wisteria* crece de manera muy vigorosa, por lo tanto, a mediados del verano es preciso acortar los brotes desarrollados en la última temporada al menos a la mitad, lo que también estimula la formación de capullos de flores.

Espectáculo de nieve estival A principios del verano las ramas en forma de arco del *Philadelphus* Belle Étoile se cubren de grandes flores blancas perfumadas. En los tallos del *Philadelphus* aparecen las flores formadas el verano anterior, por lo tanto, una vez que florece, se debe cortar aproximadamente un tercio de los tallos en floración más antiguos y podarlos casi a nivel del suelo. Repita esta tarea todos los años para ayudar a reducir el tamaño total y mantener la forma de la planta y así favorecer un crecimiento tupido, que dará lugar más tarde a los tallos en flor.

Paraíso de rosales Guiar sobre soportes una planta de rosas trepadoras, como esta *Rosa* Climbing Mrs Sam McGredy, permite resaltar las flores al máximo. A fines del invierno o a principios de la primavera, se debe cortar aproximadamente un tercio de los tallos más antiguos casi a nivel del suelo. En los restantes tallos antiguos, se debe realizar una poda de espolones en todas las ramas laterales y los tallos florecientes del año anterior hasta dejar dos o tres capullos sanos (*ver págs. 34-5*) en el tallo principal. Se producirán brotes florecientes en todos estos espolones durante el verano. Al mismo tiempo, ate de forma ajustada los brotes nuevos formados el año anterior que necesitan de este soporte cuando producen flores.

Cuando menos es más La *Clematis montana* es una planta vigorosa que generalmente crece sobre muros y soportes de plantas de gran tamaño. Si bien no es necesario podarla, una vez que florece puede ser necesario realizar algún recorte para mantenerla bajo control. De hecho, es preferible no podar algunas plantas de este tipo para favorecer la máxima producción de flores. En esta instancia, la poda reduce el volumen de flores que aparecen a fines de la primavera.

Poda para destacar tallos y cortezas coloridos

Algunos árboles y arbustos poseen tallos y cortezas coloridos y con formas atractivas que se pueden potenciar con técnicas de poda específicas para generar efectos deslumbrantes, especialmente en invierno, cuando las ramas están desnudas.

Fotografías, en el sentido de las agujas del reloj

Destellos brillantes El abedul *Betula utilis* var. *jacquemontii*, cultivado por su atractiva corteza blanca, es impresionante en invierno, en contraste con un fondo de vegetación perenne. Si se trata de un árbol joven, se utilizan tijeras de podar para retirar las ramas inferiores de tamaño pequeño al inicio del verano. Cuando el tallo alcanza la altura deseada para la formación de las ramas, se debe dejar crecer pero es necesario continuar cortando las ramas laterales más pequeñas. Esto dará como resultado una forma de rama particular, simple pero fuerte, y un tronco blanco y desnudo.

Decoración estilo piel de serpiente La original textura estriada de color blanco sobre la corteza verde del *Acer* White Tigress, da lugar al nombre común de este árbol: arce de corteza de serpiente. Para ver estas marcas claramente, se deben cortar todos los años las ramas más bajas con tijeras de podar para crear un tallo limpio de entre 1,2 y 1,8 m, hasta lograr el largo adecuado.

Ramas de colores El cornejo *Cornus stolonifera* Flaviramea se cultiva por las fantásticas características de sus ramas en invierno con distintas coloraciones que van desde el verde al naranja y el rojo oscuro. Su efecto es más sorprendente cuando se cultiva en grupos de dos o tres plantas. Para lograr los fabulosos efectos durante el invierno, se debe podar la planta todos los años al inicio de la primavera con tijeras de podar (*ver pág. 36-7*).

Corteza brillante Integrante de la familia del cerezo, el *Prunus rufa* se cultiva no tanto por sus flores sino por su corteza ornamental color caoba, ideal para jardines pequeños. Esta hermosa corteza luce mejor cuando quedan espacios descubiertos en la estructura de las ramas. Para lograrlo, se deben cortar todas las ramas pequeñas y entrecruzadas de la estructura principal.

Zarzas encantadoras La especie *Rubus cockburnianus* es una zarza ornamental que se cultiva por sus atractivos tallos invernales de color blanco y rojo. Esta planta es bella y bestia a la vez: los tallos se cubren de espinas y crean una barrera casi impenetrable, por lo que debe usar guantes y protección para los ojos al momento de podar. Para lograr el atractivo color invernal de los tallos, pode todos los años a principios de la primavera.

Poda de frutales

Las frutas aportan colores y delicias al jardín. Los árboles frutales requieren una poda minuciosa, pero las flores, los colores y las frutas deliciosas justifican el esfuerzo.

Fotografías, en el sentido de las agujas del reloj, desde la izquierda

Arándanos llenos de color Las ramas de este fruto tan popular son muy valiosas: florecen en primavera, dan frutas en verano y ofrecen un encantador follaje colorido en el otoño. Los arándanos crecen sobre las ramas originadas el año anterior. Pode las ramas durante el invierno y corte dos o tres de los tallos más antiguos cada año, al igual que los brotes débiles, marchitos o enfermos. Elimine las ramas más bajas que descansan sobre el suelo cuando se encuentren cargadas de frutos en verano.

Manzanas decorativas Los manzanos son hermosos cuando están en flor o cubiertos de frutas. Al elegir un manzano para plantar en el jardín, tenga en cuenta que las diferentes variedades crecen a distinto ritmo, por lo tanto, opte por aquella que se adecue al tamaño del jardín. Los manzanos se podan en invierno para lograr una estructura abierta y ventilada (*veáse págs. 72-75*). La poda no debe ser muy severa, ya que este tipo de procedimiento estimula el crecimiento de la vegetación en detrimento de las flores y los frutos.

Perales abundantes Los perales son adecuados para jardines pequeños si se guían en forma piramidal. Para que un árbol se mantenga pequeño, se debe reducir la extensión de la guía principal (el tallo más alto de la parte superior del árbol) en invierno. Además, elimine los brotes demasiado crecidos para que pueda ver con claridad el esqueleto del árbol. A fines del verano, reduzca las ramas laterales podándolas hasta dejar la yema de la hoja en el tallo principal. Los perales darán frutos sin necesidad de poda, pero pueden convertirse en árboles muy grandes para un jardín pequeño.

Espaldares que recorren la pared Una de las formas más hermosas y artísticas de cultivar manzanos es guiar el árbol a modo de espaldar contra una pared, diseño en el que pares de ramas se guían horizontalmente desde el tallo central. Los espaldares de manzanos son adecuados para jardines pequeños, pero demandan mucho cuidado y mantenimiento. A fines del verano se deben podar todas las ramas laterales y eliminar las que están sobre la rama horizontal principal. A medida que la planta crezca, las ramas que producen frutas se sobrecargarán y será necesario reducirlas durante el invierno.

Qué plantas no se deben podar

Todas las plantas se pueden dejar crecer sin podar, aunque en poco tiempo se verán muy desprolijas y llenas de malezas. Sin embargo, existen algunas que conviene no podar. Es suficiente con eliminar de vez en cuando las ramas muertas o enfermas.

Fotografías, en el sentido de las agujas del reloj

Rosales El *Cistus* Grayswood Pink es una
variedad típica de esta familia de ejemplares
de corta duración cuyos capullos florecen
en el verano, entre ellas el x *Halimiocistus*. Es
realmente recomendable no interferir en su
desarrollo, ya que no se regeneran fácilmente
luego de la poda. Cuando muera un arbusto,
desentiérrelo y reemplácelo por otro.

Laburnums Todos los tipos de codesos
responden mejor si no se interfiere en su
desarrollo. Se trata de árboles naturalmente
pequeños que tienden a permanecer en su
lugar sin crecer demasiado. De todas formas,
es aconsejable una poda ligera a fines del
verano, útil cuando alguna de sus ramas se
encuentra colgando por encima de un camino
o entrada. Una poda excesiva arruinará la
forma del árbol, lo que hará que produzca
muchas menos flores la primavera siguiente.

Pieris floribunda Esta hermosa especie
perenne no siempre se regenera una vez
cortada, y debido a su forma prolija y
redondeada cubierta con follaje tupido, es
probable que al podarla se desfigure y queden
agujeros en la parte central. Si se poda,
pueden ser necesarios varios años para que
una *Pieris* recupere su forma y sus flores.

***Rhododendron* Blue Diamond** Tupido y
compacto, este ejemplar posee hojas
pequeñas y produce flores deslumbrantes en
primavera. Crece muy despacio y le toma
varios años expandirse, suponiendo que no se
haya plantado en un espacio pequeño e
inadecuado. Si finalmente se convierte en una
planta demasiado grande, lo más recomendable
es cortarla y reemplazarla por otra, ya que no
responde satisfactoriamente a la poda.

Otras plantas que no se deben podar

- *Callistemon*
- *Clematis montana*
- *Convolvulus cneorum*
- *Daphne* x *burkwoodii*
- *Daphne cneorum*
- *Edgeworthia*
- *Fothergilla major*
- *Halimiocistus*
- *Prostanthera*
- *Ruscus*
- *Sarcococca*

Cómo podar

Para podar correctamente es necesario contar con el equipo adecuado y saber cómo realizar los cortes sin dañar las plantas. Por ejemplo, las ramas pesadas se deben cortar en distintos pasos para evitar que se quiebren, lo que puede dañar la planta y aumentar las probabilidades de que sufra infecciones. En este capítulo se describen las herramientas esenciales necesarias para realizar cortes correctos y los métodos básicos de poda, así como algunas técnicas más avanzadas, como la poda de espolones, el descabezado y la tala.

Cómo elegir herramientas de poda

En la poda, uno de los factores más importantes es utilizar la herramienta indicada para cada tarea. Elija sus herramientas con detenimiento y busque productos seguros y de buena calidad que realicen cortes exactos sin dañar las plantas.

Tijeras de podar Existen dos clases de tijeras de podar: con sistema de yunque (*arriba*) y de paso (*derecha*). La hoja cortante de las tijeras con sistema de yunque presiona contra el metal de la otra hoja, mientras que la hoja cortante de las tijeras de paso traspasa la otra hoja con la acción de tijera. Las tijeras de podar de paso permiten un corte más limpio y son más fáciles de usar. Utilice tijeras de podar sólo para cortar tallos de menos de 1,5 cm de diámetro.

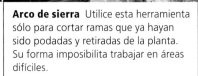

Serrucho para podar Esta herramienta esencial cuenta con una hoja plegable o fija que puede reemplazarse una vez gastada o dañada. Los serruchos para podar resultan útiles para cortar en áreas difíciles.

Serrucho de mango largo Utilice esta herramienta para cortar ramas pequeñas en áreas demasiado elevadas para su altura. Use siempre protección ocular y un casco de seguridad, y deje que su jardinero se ocupe de las ramas grandes.

Arco de sierra Utilice esta herramienta sólo para cortar ramas que ya hayan sido podadas y retiradas de la planta. Su forma imposibilita trabajar en áreas difíciles.

Podones Suelen utilizarse para cortar ramas demasiado gruesas para las tijeras de podar –aunque el serrucho para podar es la herramienta ideal para esta función– o para recortar las ramas y los tallos. No emplee demasiada fuerza al utilizar podones, ya que, al hacerlo, puede torcer y prensar fácilmente el tallo podado.

Podones de mango largo Si necesita recortar tallos o retirar follaje muerto o enfermo en zonas demasiado elevadas para su altura, esta herramienta le resultará útil. No utilice los podones de mango largo para cortar tallos de más de 2,5 cm de diámetro, puesto que estas herramientas pueden resultar difíciles de controlar.

Cortacerco eléctrico Útil para dar forma a la mayoría de las clases de setos. Trabaje siempre de abajo hacia arriba, asegúrese de que el cable eléctrico esté detrás de usted, utilice un disyuntor de emergencia y no lo manipule nunca en superficies mojadas. Utilice protectores auditivos y lea siempre las instrucciones antes de comenzar a usarlo.

Cortacerco con motor de explosión Estos cortacercos suelen ser mucho más pesados que los eléctricos, por lo que resulta cansador utilizarlos durante períodos prolongados. Podrá cortar la mayoría de los setos. Use siempre protectores auditivos y lea las instrucciones detenidamente.

Cuidado de las herramientas

Para que podar sea seguro y agradable, se recomienda utilizar las herramientas adecuadas y el equipo de seguridad indicado.

Además, no sufrirá accidentes si su equipo recibe el mantenimiento necesario para extender la vida útil de las herramientas.

Cómo limpiar tijeras de podar

 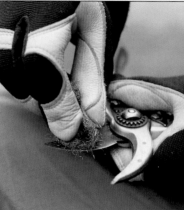 

1 Al podar, la savia de la planta se seca y se adhiere a las hojas de las tijeras. Éstas se vuelven rígidas. Retire la savia utilizando una pieza de metal con filo, como un cuchillo o cortaplumas.

2 Luego, frote la hoja con virulana para quitar todo rastro de savia seca, óxido, etc. Al limpiar las hojas, utilice guantes para evitar cortes accidentales.

3 Una vez que la hoja esté limpia, frótela con aceite lubricante. De esta forma, se previene la aparición de óxido, y las tijeras de podar se mantienen filosas y limpias.

Cómo limpiar serruchos de podar

1 Una vez que haya finalizado de podar, utilice un cepillo áspero para retirar todo rastro de aserrín de los dientes de la sierra. De lo contrario, puede endurecerse y reducir el filo de la sierra.

2 A continuación, frote ambas caras de la hoja con virulana. De esta forma, se retiran la savia seca y la suciedad, que también impiden el buen funcionamiento de la sierra.

3 Antes de guardar la sierra, frote la hoja con aceite lubricante para protegerla del óxido.

Use guantes Al podar, utilice siempre guantes resistentes para proteger sus manos de herramientas filosas y de cortes o raspaduras provocados por plantas espinosas.

Use anteojos protectores Proteja sus ojos del polvo, el aserrín, los recortes de plantas, especialmente, al trabajar a una altura mayor a la suya. También brindan protección contra las espinas y los retoños.

Mantenga los cables eléctricos detrás de usted Al utilizar cortacerco eléctrico, asegúrese de que el cable esté detrás de usted y use un disyuntor de emergencia.

Cómo asegurar las escaleras Utilice una escalera de tres patas y asegúrese de que sea estable. No se estire demasiado ni se incline hacia ninguno de los dos lados.

Cómo utilizar plataformas y escaleras Antes de utilizar el equipo, asegúrese de que las patas estén bien apoyadas en el suelo; de lo contrario, ajústelas. No se estire demasiado ni se incline mucho hacia ninguno de los dos lados.

Recomendaciones para podar las plantas de sus vecinos

Antes de podar las plantas que sobrepasan el límite y caen dentro de su jardín, hable con sus vecinos. Si mantiene una buena relación con su vecino, es más probable que lleguen a un acuerdo sobre cuánto podar. Sin embargo, la ley considera que las ramas que sobresalen hacia su jardín invaden su espacio aéreo, y usted tiene derecho a cortarlas dentro de sus límites, pero no más allá de ellos. Las ramas y las frutas que éstas pudieran tener deberán devolverse a su vecino, el dueño de la planta. Usted no puede ingresar en la propiedad de su vecino ni inclinarse sobre el seto para podarlo sin autorización previa.

Los peligros de las motosierras

Contrate siempre a un arboricultor para cortar ramas grandes con una motosierra. No intente utilizarla usted, es peligroso.

Tareas de poda fundamentales

La mayoría de las tareas de poda se realizan anualmente, pero las aquí mencionadas requieren inmediata atención y deben abordarse tan pronto como surjan los problemas.

Ramas que se entrecruzan y rozan Es común que las ramas crezcan muy juntas y que se rocen entre sí. Si detecta este problema, corte la rama más débil o la que haya sufrido mayor daño. Las ramas que se rozan pueden provocar heridas a través de las cuales la planta puede enfermarse y sufrir graves problemas.

Cómo retirar chupones

Un chupón es un vástago resistente que emerge cerca de las raíces de una planta. Si no se lo retira, puede asfixiar la planta o reducir su fuerza. A menudo, estos retoños salen de plantas con injertos, como los rosales, y lucen bastante diferentes en comparación al resto de la planta. Si detecta el brote a tiempo, retírelo de un jalón con su mano; si ya es demasiado grande, retírelo utilizando tijeras de podar.

Cómo cortar hojas verdes en follajes variegados

Preste atención si aparecen hojas verdes en plantas variegadas. Si se dejan crecer, estos brotes verdes de gran fuerza dominarán y arruinarán la apariencia de la planta. Cuando vea brotes verdes en estas plantas, retírelos completamente utilizando tijeras de podar y asegúrese de quitar todo rastro de estas hojas. Puede realizar esta poda en cualquier momento del año.

Chupón creciendo debajo del injerto (bulto nudoso) en un rosal

Retire las hojas verdes de las plantas variegadas, como el Euonymus

Cómo realizar un corte de entresaque

El corte de entresaque se realiza ante la presencia de dos ramas unidas que interfieren entre sí en la parte superior de un árbol. Retire el tallo más débil con las tijeras de podar. Si no retira uno de ellos, intentarán crecer lo más lejos posible uno del otro, por lo que el árbol se debilitará. Finalmente, una de las ramas se quebrará y causará graves daños a su alrededor. Aunque esto pueda suceder cuando el árbol sea muy viejo, la rápida acción cuando la planta es joven prevendrá futuros problemas.

Retire el tallo más débil
Deje el tallo principal

Cómo cortar ramas muertas o enfermas

Siempre que vea ramas muertas o enfermas en los árboles o arbustos, retírelas inmediatamente. Si deja las ramas muertas en una planta, ésta podrá enfermarse más fácilmente, lo que debilitará los tallos y atacará los brotes sanos. Además, las ramas muertas lucen feas. Los árboles o arbustos dañados forman una barrera natural mediante un leve tubérculo entre las ramas sanas y las muertas. En este caso, retire las ramas muertas por encima de la barrera.

Ramas muertas en un carpe
Cancro en una rama

Cómo evitar el daño de las heladas

Los botones florales y los retoños pueden dañarse por las heladas de primavera. Pode las plantas hasta los brotes sanos que no hayan sido dañados por las heladas para evitar que la planta se muera o contraiga enfermedades. La mayoría de las plantas producirán nuevos brotes en la parte inferior de los tallos. Sin embargo, algunas plantas, como la *Hydrangea macrophylla*, perderán todos los botones florales de la temporada anterior por la helada y no florecerán en la próxima temporada (*consulte pág. 47*).

Hydrangea macrophylla con daño por heladas

Cómo quitar las cabezuelas marchitas para estimular el florecimiento

Retirar las cabezuelas marchitas estimula a las plantas de floración continua, como los rosales, a producir mayor cantidad de flores. Puede retirar estas flores muertas con sus manos o con tijeras de podar. En el caso de algunos arbustos, como el rododendro, este proceso estimula el crecimiento de más tallos, en lugar de gastar energías produciendo semillas. De esta manera, la planta producirá más flores la primavera siguiente.

Una rosa marchita retirada manualmente con facilidad

Cómo hacer cortes de poda

Los árboles, los arbustos y las trepadoras crecen de forma diferente y sus retoños, botones florales y tallos también lucen distintos. Para evitar confusiones, trate de identificar la ubicación y las clases de botones y brotes en sus plantas antes de comenzar los cortes de poda.

Cómo identificar las yemas de los brotes Las yemas adquieren tamaños, formas y colores diferentes. Algunas son leves tubérculos o protuberancias en los tallos; otras podrán ser de colores diferentes a las del resto del tallo, como las yemas de los rosales (*derecha*). Las yemas se ubican siempre donde crecen las hojas o donde hubo hojas adheridas al tallo. Cuando pode, corte siempre por encima de las yemas. De esta manera, las hormonas de la planta se estimulan y desarrollan allí un nuevo tallo.

Cómo podar hasta los retoños nuevos Generalmente, los retoños nuevos son de color verde claro y fácilmente reconocibles, como los de la clematis. Los retoños nuevos pueden ser suaves y delicados, y deberá tener cuidado de no dañarlos o quebrarlos cuando pode.

Cómo podar hasta los nuevos brotes Los brotes nuevos son reconocibles porque lucen mucho más jóvenes, en comparación con la madera vieja. Cuando pode, corte la madera vieja justo por encima del tallo nuevo, utilizando un corte en bisel para que la excesiva humedad no afecte al brote nuevo.

Cómo podar plantas con brotes opuestos Los brotes de algunas plantas, como el cornejo (*Cornus*) y las hortensias, se ubican enfrentados. Pode justo por encima de un par de brotes con un corte recto. Cuando los brotes se desarrollen, crecerán dos retoños en dirección opuesta.

Cómo podar plantas con brotes alternos Los brotes de algunas plantas, como los rosales o las glicinas, crecen en forma alternada a lo largo de los tallos. Trate de podar hasta los brotes que estén hacia fuera, lejos del centro de la planta. Realice un corte en bisel justo por encima del brote para que el exceso de humedad no lo afecte.

Cómo utilizar un serrucho de podar Si el tallo que intenta podar es más grueso que un dedo, utilice un serrucho para realizar el corte. Se estropean muchos tallos al intentar cortarlos con las herramientas inadecuadas. Con los serruchos de podar, se obtienen cortes mucho más limpios que con los podones. Utilice siempre guantes protectores.

Cómo podar con tijeras Al podar arbustos o setos frondosos, como el tejo (*Taxus*) o el boj (*Buxus*), las tijeras son ideales. Además resultan útiles para recortar lavandas y brezos. Asegúrese de que las tijeras estén afiladas y limpias para obtener un corte de óptimas condiciones.

Cómo cortar ramas

Es muy importante cortar una rama en forma correcta. Los cortes mal hechos reducen la capacidad de regeneración de la planta, lo que podrá causar que se enferme a través de esas heridas. Como consecuencia final, la planta puede pudrirse, lo que reduciría su expectativa de vida.

Ramas difíciles de alcanzar   Si las ramas son difíciles de alcanzar, la persona a cargo de la poda realizará cortes pequeños. Se cometen más errores cuando se intenta podar de lejos. Si no puede alcanzar la rama mediante una escalera, contrate a un arboricultor experimentado. Si una rama pequeña no está demasiado alta, podrá cortarla con un podón de mango largo o con un serrucho de podar, tal como se explica en la página opuesta.

Ramas rotas   A menudo, las ramas pesadas se rompen cuando se las está cortando; su peso rasga el tallo y ésta se desprende antes de completar el corte. Si no tiene alguien que le ayude a sostener la rama mientras usted la poda, acórtela en etapas antes de intentar realizar el corte final. En primer lugar, realice un corte en la parte inferior (*consulte el paso 1 en la página opuesta*). Esto evitará que la rama se desgarre cuando corte en la parte superior.

Cortes inadecuados   Nunca corte al ras del tronco del árbol, ya que esto dañará su sistema regenerativo. Lucirá prolijo, pero el tallo no sanará correctamente, y la herida podrá provocar que el árbol se enferme. Cortar las ramas al ras del tronco es una de las causas más comunes de decaimiento y muerte en los árboles.

Cómo cortar una rama

1 Disminuya el peso de una rama grande cortándola en etapas hasta dejar un tocón de 15 cm. Luego, realice el corte final. Para evitar que el árbol se desgarre, primero realice un corte en la parte inferior donde la rama comienza a hincharse o a alrededor de 3 cm del tronco.

2 Deje de cortar en la mitad de la rama. Luego, realice otro corte levemente en bisel de arriba hacia abajo, justo detrás del pliegue en la corteza donde la rama se une al tronco. Asegúrese de que el corte superior se una al corte en la parte inferior.

Consejo práctico

3 Este método de poda obtiene un corte limpio y deja intacto el sistema regenerativo de la planta. La superficie del corte se contraerá a medida que el árbol produzca corteza. Ésta finalmente cubrirá el área expuesta.

Cuando corte una rama pesada, pida la ayuda de alguien que sostenga el peso. Esto evitará que la rama se desgarre. También evitará que la rama se balancee o se caiga y dañe la planta o a la persona que la está podando.

Cómo podar espolones

La poda de espolones estimula la formación de yemas en los árboles, los arbustos y las trepadoras. Gracias a la poda de espolones, este rosal sacó tres nuevos tallos, que, a su vez, producirán flores.

Cómo podar espolones en un rosal

Para podar los espolones de un rosal trepador, busque una rama sana en uno de los tallos principales. Cuente dos o tres yemas en el tallo. Realice un corte en bisel justo por encima de la segunda o tercera yema. Repita este proceso a lo largo del tallo.

Una vez que haya podado, quedarán solo vástagos cortos. Éstos se denominan "espolones". Dos o tres tallos con flores saldrán de las yemas de estos espolones. La cantidad dependerá de cuántas yemas haya dejado en los espolones.

Cómo podar espolones en una glicina

Pode los espolones de las glicinas a finales del invierno. Con la ayuda de las tijeras de podar, acorte los retoños que hayan crecido la temporada anterior, para que queden dos o tres yemas sanas. Corte siempre en bisel justo por encima de la yema más alejada.

La fotografía ilustra las dos o tres yemas una vez acortados los tallos. Las yemas de los espolones acortados se hincharán y producirán flores o tallos con flores a finales de la primavera o a comienzos del verano. Estas cascadas de flores moradas y blancas producirán una agradable fragancia.

Cómo talar el cornejo para que sea decorativo en invierno

La poda de árboles y arbustos al nivel del suelo se denomina "tala". Anualmente, se utiliza esta técnica en cornejos (*Cornus*) para estimular el crecimiento de un cúmulo de tallos coloridos en invierno.

1 Al podarlos anualmente, los cornejos producen tallos coloridos que se destacan claramente cuando las hojas caen en otoño. Para lograr este efecto, pódelos en primavera. En primer lugar, retire los tallos dañados o enfermos.

2 Luego, corte los tallos débiles y finos para que luzca más despejado. De vez en cuando, deténgase y aléjese de la planta para observarla. De esta forma, podrá apreciar con mayor facilidad qué tallos cortar.

3 Pode ahora los brotes sanos y fuertes. Busque, de abajo hacia arriba, el primer par de yemas sanas y realice un corte recto justo por encima de ellas, como en la fotografía.

4 Pode las ramas entrecruzadas y torcidas. Si no las corta, los tallos que produzcan se rozarán y se dañarán. Además, la planta lucirá abarrotada y desprolija.

5 Una vez podado, el cornejo deberá lucir una estructura simple y despejada, de la cual surgirá una masa de fuertes tallos coloridos. De esta forma, su jardín quedará muy bien decorado el próximo invierno.

Cómo desmochar sauces

Cortar todos los tallos de un árbol en la parte superior de un tronco despejado se denomina "desmochar". Esta técnica logra que la parte superior produzca nuevos brotes. Para que los sauces (*Salix*) luzcan una colorida estructura, desmóchelos en primavera.

Consejo práctico

Retire los tallos gruesos con la ayuda de un serrucho para podar, en lugar de utilizar un podón. De esta forma, tendrá menos posibilidades de dañar la planta. No utilice tijeras de podar.

1 Comience retirando los brotes débiles con las tijeras de podar. De esta forma, reduce el abarrotamiento y accede mejor a la planta, lo que permite podar los tallos fuertes con mayor facilidad.

2 Pode los espolones (consulte las págs. 34 y 35) de los tallos fuertes y deje una o dos yemas. No tema podar los brotes que se entrecruzan o que se interponen en el camino.

3 Una vez que haya completado la poda, la planta lucirá como en la fotografía. Esta poda podrá parecerle exagerada, pero los sauces son muy vigorosos y producirán, con gran facilidad, tallos coloridos de entre 1,2 a 1,4 m durante la temporada de crecimiento.

Cómo podar y dar forma

La poda mantiene la forma de muchas plantas. Algunas requieren de la poda una vez por año; otras, como esta conífera con decoración en forma de nubes, se deben podar con más frecuencia.

Cómo trabajar con tijeras de poda decorativa Las tijeras de poda decorativa tienen hojas muy filosas y funcionan como las tijeras comunes. Son herramientas versátiles, permiten hacer cortes prolijos y son útiles para trabajos elaborados, ya que se utilizan para los detalles de la jardinería decorativa (*consulte las páginas 112 a 117*). Utilice estas tijeras para podar las plantas con figuras complejas y formales. La mayoría de las plantas utilizadas en la jardinería decorativa son frondosas, como el tejo (*Taxus baccata*), el boj (*Buxus sempervirens*) o la madreselva (*Lonicera nitida*), por lo que no las afecta una poda frecuente.

Cuándo utilizar tijeras y tijeras de podar Las tijeras se utilizan para disciplinar los ejemplares de bonsai, los árboles y las coníferas de crecimiento lento. Utilícelas para acortar a la mitad los vástagos de las coníferas enanas, como los pinos (*izquierda*).

Las tijeras de podar resultan útiles para diferentes tareas de poda y entresacado. Utilícelas para cortar las puntas de los árboles y los arbustos jóvenes, y así estimular un crecimiento frondoso o para podar y dar forma a arbustos pequeños, como el *Berberis thunbergii*. Si tiene pequeños grupos de *Santolina* o lavanda (*Lavandula*), utilice las tijeras de podar chicas en lugar de las grandes para dar forma a las plantas y para retirar las flores marchitas.

Cómo trabajar con tijeras de podar filosas Las antiguas tijeras de podar son invaluables para dar forma a gran cantidad de plantas, desde setos hasta brezos. Asegúrese siempre de que las tijeras de podar estén afiladas y en buenas condiciones. Utilícelas para podar los brezos a comienzos de la primavera, con cuidado de no utilizar esta herramienta para intentar cortar tallos viejos y fuertes. Utilícelas también para podar setos de lavandas (*Lavandula*) en primavera (*consulte las págs. 64 y 65*) y para retirar las flores marchitas en verano. Si tiene pequeños setos perennes o caducifolios, las tijeras de podar también resultan ideales (*consulte las págs. 98 y 99*).

Cómo realizar una poda mínima

Muchas plantas y arbustos jóvenes, como este *Daphne bholua* Jacqueline Postill, producen brotes largos en primavera. Pódelos. Como resultado, la planta lucirá más frondosa y con mayor cantidad de flores.

1 A comienzos del verano, la *Daphne* empieza a producir largos brotes en las puntas de los tallos principales. La planta luce larga y desprolija, con un aspecto leñoso.

2 Con la ayuda de las tijeras de podar, corte unos 15 ó 20 cm de los brotes largos. Pode siempre justo por encima de las yemas con un corte en bisel, como en la fotografía.

Cómo podar plantas jóvenes

3 Continúe el proceso en toda la planta. Esta poda estimula el crecimiento de brotes más frondosos, y los tallos nuevos florecerán en invierno. Además, ayuda a que la planta permanezca pequeña y compacta.

En las plantas jóvenes, los brotes son más blandos, por lo que podrá cortarles las puntas con la ayuda de sus dedos pulgar e índice. Esta práctica resulta útil en muchos arbustos jóvenes, puesto que ayuda a producir una estructura compacta con buena distribución de ramas.

Cómo podar arbustos y árboles

Muchas plantas leñosas necesitan una poda periódica para mantener la forma y estimular una mayor producción de flores y frutos. En este capítulo, aprenderá a través de sencillas instrucciones paso a paso a podar diferentes árboles y arbustos, y técnicas que podrá aplicar en las plantas similares de su jardín. Como primera regla general, que se aplica a la mayoría de los arbustos, deberá podar los que florecen en primavera inmediatamente después de haber finalizado la floración, como así también, aquellos que florecen desde mediados del verano y hasta finales del invierno o principios de la primavera. Asimismo, describimos en detalle la poda del rosal y mostramos los sencillos pasos para podar un manzano.

Cómo podar hortensias

La *Hydrangea paniculata* florece a finales del verano sobre los tallos de ese mismo año. Para que las plantas luzcan compactas, pódelas a comienzos de la primavera.

Esto estimula el crecimiento de brotes con flores. También fomenta la producción de panículas de flores más grandes en la estación estival.

La *Hydrangea paniculata* es una planta elegante con magníficas y grandes flores con forma de cono. La mayoría tiene flores blancas, pero existen también variedades matizadas de rosado. Son arbustos ideales para decorar el jardín de finales del verano.

1 A finales del invierno o a comienzos de la primavera, pode, de arriba hacia abajo, los tallos de la temporada anterior y deje uno o dos brotes. Además, retire las ramas muertas, enfermas, entrecruzadas y débiles.

2 Con la ayuda de un serrucho para podar, corte las ramas largas y enfermas hasta llegar a la madera sana o hasta la base de la planta. Esto evitará que la enfermedad se extienda al resto de la planta y estimulará el crecimiento de nuevos tallos vigorosos.

3 Una vez realizada la poda, obtendrá una despejada estructura de ramas. Éstas crecerán durante el verano y producirán una abundante cantidad de hermosas flores blancas.

La *Hydrangea macrophylla*u es un tipo de hortencia estival que florece en verano en los brotes del verano anterior. Estos brotes son propensos a sufrir las heladas durante la primavera, por lo que las plantas necesitan una poda cuidadosa.

La *Hydrangea macrophylla* produce grandes y suntuosas flores azules, rosadas o blancas durante el verano, antes que florezca la *H. paniculata*. Para garantizar un excelente resultado, los botones florales precisan protección contra heladas durante todo el invierno.

1 Las cabezuelas viejas de las hortensias protegen los delicados capullos de las heladas. Déjelas en la planta durante el invierno. A su vez, las flores secas otorgan estructura y se destacan en el jardín durante el invierno.

2 Después de las últimas heladas, retire las cabezuelas de las flores muertas podando hasta dejar un par de brotes sanos, como en la fotografía.

3 No pode demasiado, puesto que, si lo hace, cortará muchos botones florales ya formados en los tallos de la temporada anterior. Los tallos que crezcan la temporada entrante florecerán el verano próximo.

Cómo podar un árbol de las pelucas

Cultivados por su magnífico follaje en verano y otoño, y por sus flores pequeñas con apariencia de nubes, es mejor podar los árboles de las pelucas (*Cotinus*) en primavera.

Otras plantas que deben podarse de esta forma

- *Catalpa bignonioides*
- *Cotinus coggygria*
- *Rhus chinensis*
- *Rhus typhina*
- *Sambucus nigra*
- *Weigela* Praecox Variegata
- *Weigela* Wine and Roses

Follaje decorativo

La poda severa estimula la producción de hojas más grandes y decorativas en esta planta, aunque pierda el perfume de las flores.

1 Con los años, los árboles de las pelucas crecen y necesitan más espacio para sobrevivir. Ambos problemas se resuelven fácilmente podando las plantas en forma severa durante la primavera, antes de que aparezcan las hojas.

2 En primer lugar, retire las ramas muertas con la ayuda de un serrucho de podar. También corte los tallos enfermos hasta llegar a la madera sana. Cuando corte ramas grandes, hágalo en etapas para asegurarse de que no se desgarren (*consulte las págs. 32 y 33*).

3 Para mantener esta planta pequeña y compacta, corte las ramas más largas hasta los 60 cm de altura. Pode hasta llegar a la madera sana, que podrá identificar por su color verde debajo de la corteza, y realice cortes en bisel.

4 Continúe con el resto de la planta hasta obtener una estructura central de ramas que no excedan los 60 cm de altura. Los retoños comenzarán a brotar, y el follaje nuevo cubrirá la planta, creando un hermoso colorido otoñal.

Cómo podar avellanos

Gracias a sus flores perfumadas, delgadas y frágiles, los avellanos (*Hamamelis*) son arbustos excelentes para el invierno. Pero, si no se los poda, pueden ser demasiado grandes para un pequeño jardín.

Consejo práctico

Pode el avellano justo cuando las floren comiencen a marchitarse, pero antes de que las hojas se abran. Corte justo por encima de las ramas sanas.

1 Para reducir el tamaño de esta planta, corte las ramas altas de 30 a 50 cm a comienzos de la primavera. Trate de no perder de vista la forma que desea obtener.

2 Cuando pode, aléjese de vez en cuando de la planta para observar su trabajo y para decidir sobre los cortes siguientes. Siempre pode los tallos viejos y deje los brotes sanos.

Consejo práctico

3 De vez en cuando, se encontrará con algunas ramas entrecruzadas difíciles de alcanzar en el medio del arbusto. Si una rama está mal ubicada, quizá le resulte más fácil cortarla de abajo hacia arriba.

Si no sabe cuánto cortar, reduzca el largo de los tallos de a poco. Dé un paso hacia atrás y, si es necesario, siga podando hasta lograr una forma atractiva.

Cómo podar madreselvas

Pode los arbustos de floración invernal, como la madreselva *Lonicera x purpusii* Winter Beauty, a comienzos del verano. Retire los tallos viejos con flores para estimular el crecimiento de retoños desde la base.

Consejo práctico

El serrucho es más apropiado para podar las ramas demasiado gruesas en lugar de los podones o las tijeras.

1 En primer lugar, corte un tercio de los tallos más viejos de la planta. Utilice podones para cortarlos a la mitad. De esta forma, el peso de la rama disminuirá y evitará que se desgarre antes de que usted realice el último corte en la parte inferior.

2 Con la ayuda de un podón o un serrucho para podar, corte nuevamente estas ramas y déjelas a una altura de 30 cm del suelo. Realice un corte en bisel justo por encima de una rama para que el agua de lluvia corra por la superficie.

3 Con la ayuda de unas tijeras de podar, acorte varios centímetros los tallos más largos, que podrán rondar el 1,8 m de altura. Esto estimula el crecimiento de yemas en la parte inferior de la planta, a la vez que la hace más frondosa y con mayor cantidad de flores.

4 Una vez que haya finalizado la poda, quedarán algunos tallos más viejos de los que nacerán botones florales en el invierno próximo. Los brotes fuertes en la parte inferior tendrán más espacio para desarrollarse.

Cómo podar camelias

Los arbustos perennes, como las camelias, que hayan crecido demasiado pueden recibir poda severa a finales de la primavera o en verano, justo después de la floración.

Otras plantas que deben podarse de esta forma

- *Aucuba japonica*
- *Elaeagnus pungens*
- *Erica arborea*
- *Escallonia*
- *Fatsia japonica*
- *Prunus laurocerasus*
- *Prunus lusitanica*
- *Viburnum tinus*

Vástagos nuevos

Al año de la poda, la planta habrá producido muchos brotes, pero quizá no florezca por otros dos o tres años.

1   Esta planta ha crecido demasiado y necesita poda severa. Las camelias responden muy bien a este tipo de poda. Esta tarea produce óptimos resultados si se la realiza justo después de la floración, a finales de la primavera o a comienzos del verano.

2   Utilice un serrucho para podar para reducir la altura de la planta. Para evitar desgarros, corte las ramas grandes y pesadas de a poco, en lugar de secciones largas. (*consulte las págs. 32 y 33*).

3   Los podones son las herramientas ideales para cortar los tallos secundarios mal ubicados. Sin embargo, el último corte en la rama principal debe realizarse con un serrucho de podar, ya se que obtiene un resultado más prolijo.

4   Intente reducir la altura de la planta a unos 60 cm. Una vez que haya finalizado, la camelia parecerá un pequeño tocón de madera; sin embargo, los nuevos brotes no tardarán en crecer (*consulte la página opuesta*).

Cómo podar lilas de California y philadelphus

La mayoría de las lilas de California (*Ceanothus*) tienen flores azul intenso a comienzos del verano. Si no se poda, esta planta crece demasiado y se ve desprolija. Pero, si se la poda demasiado, no se regenerará. Pode inmediatamente después de la floración.

1 En la fotografía se observa un *Ceanothus* perenne en flor a inicios del verano. Para mantener su forma compacta, necesitará una poda leve a finales del verano, una vez que haya finalizado la floración.

2 Después de la floración, podrá apreciar la estructura de las ramas de la planta. Para mantenerla con buena forma, corte de 22 a 30 cm las ramas largas y desprolijas, pero no pode algunos de los tallos más pequeños.

3 Utilice tijeras de podar para las ramas y realice los cortes justo por encima de las yemas de las hojas. Esto estimulará el crecimiento de brotes debajo del corte, lo que causará que la estructura de ramas luzca compacta.

4 Después de la poda, el tamaño general de la planta quedará reducido; sin embargo, como el corte es leve, ésta no quedará debilitada. Si todos los años lo poda de esta forma, el *Ceanothus* se mantendrá prolijo y frondoso, apto para un jardín pequeño.

El *Philadelphus* tiene flores blancas perfumadas a comienzos del verano. Pode la planta después de la floración para estimular el crecimiento de brotes, que, a su vez, se llenarán de flores. Además, la poda anual ayuda a controlar el tamaño de la planta.

1 A comienzos del verano, el falso naranjo (*Philadelphus*) forma un macizo de flores blancas perfumadas. Una vez finalizada la floración, pode alrededor de un cuarto de los tallos de floración viejos y déjelos a 15 cm del suelo.

2 La poda severa de los tallos viejos estimula la formación de nuevos brotes debajo de los cortes, pero no los retire todos ya que reduciría la cantidad de flores del próximo verano.

3 Revise que los tallos viejos tengan brotes nuevos. Éstos lucen mejor si se los acorta, en lugar podarlos completamente. Corte el tercio superior de estos tallos y pódelos para estimular el crecimiento de brotes nuevos (*consulte pág. 30*).

4 Recorte las puntas de los tallos jóvenes y fuertes ya presentes en la planta. Algunos pueden medir hasta 2,5 m de altura. Esto estimula el crecimiento de ramas en la parte inferior, produciendo más flores.

Cómo podar un rosal

Los rosales son plantas pequeñas de floración continua que se cultivan en canteros o macetas. Pódelos al comienzo de la primavera para estimular el crecimiento de abundantes brotes que florecerán en verano.

Consejo práctico

Además de podar el rosal todos los años, elimine las flores marchitas para que continúe floreciendo durante más tiempo.

1 El objetivo de la poda es reducir la altura de la planta alrededor de una cuarta parte a la mitad, y lograr una forma despejada. Corte los tallos exteriores y luego retire las ramas muertas, enfermas y dañadas, además de las débiles y las que se entrecruzan.

2 De ser posible, pode siempre por encima de una yema orientada hacia afuera. Asegúrese de que los cortes sean en bisel para que el agua de lluvia no se acumule y la planta no se pudra.

3 Si poda este fuerte tallo a la mitad, estimulará el crecimiento de muchos brotes con flores en el verano próximo.

4 Además de producir más tallos con flores, esta estructura sencilla permite el paso del aire, lo que disminuye la aparición de enfermedades causadas por hongos. Coloque un mantillo y nutra los rosales después de la poda para estimular el crecimiento sano.

Cómo podar rosales arbustivos

La mayoría de los rosales modernos son de floración continua y no precisan tanta poda como otros rosales, ya que florecen aún en tallos viejos. Pode los rosales arbustivos a comienzos de la primavera.

1 El objetivo de podar un rosal es crear una fuerte estructura y retirar el exceso de tallos congestionados del año anterior. Este proceso ayuda a que el aire fluya a través de la planta, lo que evita la aparición de enfermedades causadas por hongos.

2 Corte las ramas muertas, dañadas o enfermas. Luego, retire las ramas débiles que no soportarían el peso de nuevas flores. Además, pode las ramas más viejas hasta el suelo.

3 Acorte la cuarta parte de los tallos principales que estén sanos y pode algunos centímetros de las ramas. Si es posible, corte siempre por encima de las yemas sanas con orientación hacia fuera de la planta, no hacia el centro.

4 Pode un cuarto de la altura de la planta y para que luzca una estructura fuerte y despejada en el centro. A mediados del verano, la planta estará cubierta de hermosas flores.

Cómo podar otras clases de rosales

Las diferentes clases de rosales requieren podas diferentes. Identifique qué clases de rosales tiene y siga luego estas pautas para obtener los mejores resultados.

Rosales antiguos

Generalmente, estos rosales florecen una vez por año. Pódelos a comienzos de la primavera, después de haber retirado las ramas muertas, dañadas, enfermas, débiles y entrecruzadas. No requieren poda severa: sólo reduzca un tercio del tamaño de la planta. Corte siempre en bisel por encima de una yema con orientación hacia fuera. En otoño, corte un tercio de los tallos para evitar que el viento sacuda la planta y dañe el sistema radicular.

Ejemplares de rosales antiguos

- *Rosa* Blanche Double de Coubert
- *Rosa* Boule de Neige
- *Rosa* Charles de Mills
- *Rosa* De Rescht
- *Rosa* Fantin-Latour
- *Rosa* Frau Dagmar Hartopp
- *Rosa* Louise Odier
- *Rosa* Madame Isaac Pereire
- *Rosa* Madame Pierre Oger
- *Rosa* Maiden's Blush
- *Rosa* mundi
- *Rosa* rugosa
- *Rosa* rugosa Alba
- *Rosa* Souvenir de la Malmaison
- *Rosa* William Lobb

Rosales de té híbridos

Esta clase de rosal florece más de una vez durante los meses estivales. Responden bien a la poda severa a comienzos de la primavera. En primer lugar, retire los tallos muertos, dañados, enfermos, débiles y entrecruzados. Luego, pode los tallos viejos hasta el nivel del suelo. Deje alrededor de tres a cinco tallos jóvenes y resistentes a una altura de 15 cm del suelo. A modo de guía, utilice las tijeras de podar, ya que éstas son, generalmente, de 15 cm de largo. Intente siempre cortar en bisel por encima de una yema con orientación hacia afuera. A finales del otoño o a comienzos del verano, reduzca un tercio de la altura de los tallos para evitar que el viento sacuda la planta y dañe el sistema radicular.

Ejemplares de rosales de té híbridos

- *Rosa* Alexander
- *Rosa* Blessings
- *Rosa* Dawn Chorus
- *Rosa* Deep Secret
- *Rosa* Elina
- *Rosa* Freedom
- *Rosa* Ingrid Bergman
- *Rosa* Just Joey
- *Rosa* Lovely Lady
- *Rosa* Paul Shirville
- *Rosa* Peace
- *Rosa* Remember Me
- *Rosa* Savoy Hotel
- *Rosa* Silver Jubilee
- *Rosa* Tequila Sunrise
- *Rosa* Troika
- *Rosa* Warm Wishes

Rosales Floribunda

Los rosales Floribunda tienen floración continua y producen ramilletes de flores durante los meses estivales. La poda es similar a la que reciben los rosales de té híbridos, aunque no tan severa. En primer lugar, retire los tallos marchitos, dañados, enfermos, débiles y entrecruzados. Su objetivo es lograr una estructura con seis u ocho tallos de los más resistentes y jóvenes. Pódelos a una altura de entre 20 y 30 cm. Intente siempre hacer un corte en bisel justo por encima de una yema con orientación hacia afuera. Durante el otoño o a comienzos del verano, reduzca un tercio de la altura de los tallos para evitar que el viento sacuda la planta y dañe el sistema radicular.

Ejemplares de rosales Floribunda

- *Rosa* Arthur Bell
- *Rosa* English Miss
- *Rosa* Fascination
- *Rosa* Fellowship
- *Rosa* Fragrant Delight
- *Rosa* Iceberg
- *Rosa* Memento
- *Rosa* Pretty Lady
- *Rosa* Princess of Wales
- *Rosa* Queen Elizabeth
- *Rosa* Remembrance
- *Rosa* Sexy Rexy
- *Rosa* Sunset Boulevard
- *Rosa* Tall Story
- *Rosa* The Times Rose
- *Rosa* Trumpeter

Cómo extender la floración

Corte las cabezuelas de las flores marchitas de los rosales de floración continua durante todo el verano para extender la floración. Al cortar las flores, usted evita que la planta utilice su energía para producir semillas, y la estimula para producir más flores. La manera más fácil de realizar este proceso, además de ser el método utilizado actualmente en muchos jardines, es doblando el tallo justo por debajo de la flor marchita, hasta que se desprenda. La planta comenzará pronto a producir botones florales. Otra posibilidad es utilizar las tijeras de podar para retirar las flores marchitas y unos 15 cm del tallo. La planta comenzará a producir más botones florales; sin embargo, con este método, la nueva floración demora más que con el anterior.

Cómo podar lavandas

La lavanda (*Lavandula*) es un hermoso arbusto de agradable aroma. Puede plantárselo solo o para formar un colorido seto de poca altura. Para que mantenga una buena forma, deberá podarlo dos veces por año.

Consejo práctico

Después de la floración, retire las cabezuelas viejas con la ayuda de las tijeras de podar. De esta forma, la planta deja de utilizar toda su energía para producir semillas.

1 Para que las lavandas luzcan jóvenes, frondosas y sanas, pódelas a finales del invierno o a comienzos de la primavera con la ayuda de tijeras para setos.

2 Pode la lavanda sin cortar las ramas viejas. Es muy importante no cortar las ramas viejas, ya que éstas no se regeneran. Por lo tanto, si las corta, no crecerán brotes nuevos de estos tallos.

3 En esta fotografía, puede observar como la lavanda fue podada justo por encima del nacimiento de los brotes verdes. Pódelas hasta esta altura y trabaje sistemáticamente en todo el seto, manteniéndolo lo más parejo posible.

4 Esta poda estimula el crecimiento frondoso y una mayor producción de flores en la lavanda. Una vez que las flores se hayan marchitado en verano, los setos necesitarán una nueva poda (*consulte el Consejo práctico en la página opuesta*).

Cómo podar arbustos plantados contra la pared

Las *Euonymus fortunei* son plantas vigorosas que prosperan incluso en suelo poco fértil. A menudo, se convierten en arbustos redondeados. Sin embargo, crecen también en forma vertical; sus formas variegadas llenan de vida las paredes y los alambrados. Pódelas a finales de la primavera.

1   Como sucede con todas las plantas variegadas, es importante cortar los brotes de hojas verdes (*consulte pág. 28*). Retírelos cuanto antes con las tijeras de podar.

2   Con la ayuda de las tijeras de podar, corte los tallos que estén desprendidos de la pared hasta darles un largo adecuado. De esta forma, la planta lucirá prolija.

3   Para mantenerla prolija y frondosa, pode la planta con la ayuda de tijeras. Asegúrese de no perder de vista la forma general de la planta para podar lo más parejo posible.

4   Retire los brotes que estén creciendo hacia las canaletas o dentro de ellas, o sobre puertas y ventanas. Una vez que haya finalizado, la planta lucirá como un seto prolijamente podado contra la pared o el alambrado que la sostiene.

El *Garrya elliptica* es un arbusto perenne que produce largas inflorescencias pendulares en invierno. Se desarrolla mejor con el apoyo y la protección de una pared. Responde mejor a la poda en primavera, cuando las inflorescencias comienzan a marchitarse.

1 Todas las plantas requieren poda de vez en cuando para evitar que crezcan demasiado. Además, en el caso de los arbustos que crecen contra una pared, evita que su propio peso los haga desprenderse de su apoyo.

2 Comience podando las ramas horizontales más largas para reducir el ancho de la planta. Corte siempre por encima de una yema o un brote para estimular el crecimiento.

3 Cuando haya cortado las ramas horizontales, comience con los tallos altos y verticales. Córtelos hasta una altura apropiada para la ubicación de la planta.

4 Si poda la planta con el cuidado suficiente, luego mantendrá su forma natural. Los nuevos brotes que surjen por la poda producirán muchísimas inflorescencias al año siguiente.

Cómo podar mahonias

Cuando las plantas perennes crecen demasiado, como en el caso de esta mahonia, pueden podarse desde mediados del invierno hasta la primavera.

Consejo práctico

Para que las plantas luzcan pequeñas y frondosas, y para estimular mayor producción de flores, retire las cabezuelas muertas una vea finalizada la floración.

1 Pode las ramas en etapas y no, de una sola vez (*consulte págs. 32 y 33*). En esta etapa, corte las ramas hasta 60 cm, sin perder de vista la estructura equilibrada de la planta a medida que la poda.

2 Una vez que haya cortado las ramas largas, evalúe dónde realizar los cortes finales. Al mismo tiempo, retire las ramas dañadas, enfermas o entrecruzadas. Luego corte las ramas viejas y deje 5 ó 6 ramas fuertes.

3 Corte las restantes ramas jóvenes y sanas para que tengan una altura de entre 30 y 40 cm. Si es posible, asegúrese de que los cortes sean en bisel para que el agua de lluvia corra.

4 Unos meses más tarde, crecerán muchos brotes de estas ramas podadas. La planta florecerá alrededor de dos años después de esta poda severa. A partir de entonces, para mantener la planta frondosa, siga el Consejo práctico (*consulte la página opuesta*).

Cómo podar acebos

Un acebo con buena forma (*Ilex*) puede ser un magnífico protagonista en el jardín todo el año. La mejor época para podar los acebos es a comienzos de la primavera. De esta manera, mantendrán su forma.

Setos de acebos

El acebo es espeso y macizo. Por eso, la mejor época para podarlo es a finales del verano con la ayuda de un cortacerco con motor de explosión o eléctrico.

1 Para lograr que este acebo luzca atractivo en su jardín, deberá podarlo anualmente. Primero, para darle la forma cónica y, luego, para mantenerla.

2 Corte algunas ramas en la parte inferior de la planta para darle un aspecto despejado y destacar el tallo desnudo. Este proceso consiste en podar las ramas menos necesarias para que la planta luzca más atractiva.

3 Si dos ramas crecen muy juntas en la parte superior de la planta e interfieren con su forma cónica, corte la más débil —o con menor orientación vertical— por encima de un brote que coincida con la forma deseada.

4 Trabaje en todo el arbusto, podando las ramas largas, hasta lograr una forma cónica simétrica y agradable a la vista.

Cómo podar manzanos

Con los cuidados necesarios, el manzano es un árbol frutal muy decorativo: tiene flores durante la primavera y muchísimos frutos coloridos en el otoño. Pódelo en verano o invierno.

1   Comience retirando las ramas que molesten en el centro del árbol. De esta forma, el aire circulará y disminuirán las infecciones causadas por hongos durante el verano. Pode también las ramas secas, enfermas o dañadas.

2   Pode las ramas a la altura del collar (*consulte págs. 32 y 33*). Realice cortes prolijos con un serrucho afilado para reducir el riesgo de infecciones. No pode demasiado, ya que estimularía el crecimiento de hojas a costa de flores y frutos.

3   Reduzca el tamaño del árbol sólo si alcanza la parte superior con facilidad. Pode las ramas largas hasta la mitad, un tercio de su tamaño, o hasta donde haya una linda rama que, en lo posible, tenga orientación hacia afuera para evitar la aparición de ramas entrecruzadas.

4   Cuando pode una rama, realice un corte en la parte inferior y luego hasta la mitad del tallo. Por último, realice el corte final en la parte superior, en bisel, para unir ambos cortes. De esta forma, la rama no se desgarrará.

Cómo podar manzanos *(continuación)*

5 El corte en bisel realizado para podar una rama *(arriba)* permite que la humedad salga a la superficie. De esta forma, el riesgo de que el árbol se pudra es menor. La rama remanente debe quedar orientada hacia afuera.

6 Con la ayuda de un par de tijeras, acorte los brotes largos, finos y flexibles hasta dejarlos pequeños o en forma de espolones. De esta manera, se estimula el crecimiento de botones florales en estas ramas *(consulte págs. 34 y 35)*.

7 Retire los tallos pequeños, débiles o amontonados que hayan crecido en los cortes de años anteriores. Estos tallos son inútiles y desvían la energía de las ramas principales y los tallos con flores.

8 Retire las ramas entrecruzadas o aquellas que están comenzando a crecer, desde afuera, hacia dentro del árbol. Este proceso evitará que las ramas se rocen, aminorando la aparición de enfermedades.

9   Continúe podando todo el árbol. Retire las ramas innecesarias y asegúrese de realizar cortes prolijos. Aléjese de vez en cuando del árbol para asegurarse de haber creado una estructura sencilla y equilibrada con un centro despejado.

Cómo podar trepadoras

Las plantas trepadoras se podan en determinados meses del año, aunque la época es, generalmente, la misma para los árboles y los arbustos. Las trepadoras más comunes son la clematis y los rosales. Ambas compensarán su esfuerzo con coloridas flores durante muchos meses si se las poda correctamente. La clematis se divide en tres grupos de poda y está categorizada según la época de floración. Lea las instrucciones de la etiqueta para saber a qué grupo corresponde la suya. Cada grupo tiene su método de poda propio; se explican los tres métodos a continuación. También podrá consultar una guía paso a paso para aprender a podar rosales trepadores y obtener lo mejor de sus plantas.

Cómo podar glicinas

Las glicinas son plantas ideales para decorar las paredes de la casa y otras estructuras. Pode estas trepadoras grandes y vigorosas dos veces por año, una vez en verano para mantener el tamaño de la planta y otra vez en invierno para estimular la floración.

Poda estival

1   Las glicinas son plantas vigorosas. Después de florecer en verano, producen largos tallos, similares a las tijeretas, que pueden obstaculizar ventanas o senderos, o inundar las estructuras que las sostienen.

2   Para que la glicina luzca prolija, acorte dos tercios de estos tallos una vez que las flores se hayan marchitado. Deberá repetir este proceso varias veces durante el verano, ya que la planta continúa creciendo.

Poda invernal

1 Una vez que las hojas hayan caído a finales del invierno, podrá observar los resultados de la poda realizada en verano. Los tallos podados habrán desarrollado brotes nuevos de color más claro que los tallos más viejos.

2 Pode los espolones (*consulte 34 y 35*) de todos los tallos que había podado en el verano dejando dos o tres brotes sanos. Los brotes se cubrirán de flores durante la primavera.

3 Retire las ramas que estén creciendo en los aleros de la casa, debajo de las tejas o alrededor de los caños del desagüe. Si no lo hace, pueden dañar la estructura de la casa.

4 Asegúrese de atar las ramas a la estructura con alambre resistente, ya que la glicina no se adhiere sola. La planta lucirá desnuda, pero, más adelante se cubrirá de flores perfumadas a finales de la primavera o a comienzo del verano.

Cómo podar clematis

Admiradas por sus hermosas flores, las clematis lucirán espectaculares durante todo el año. Existen tres grupos de clematis, cada uno de ellos con diferentes regímenes de poda. Identifique a qué grupo corresponde la suya y siga estas instrucciones.

Grupo 1

Las clematis del Grupo 1 son plantas vigorosas. Algunas de ellas son la *montana*, la *alpina* y la *armandii*. Florecen a finales de la primavera sobre los brotes del año anterior y necesitan poca poda. Pódelas ligeramente para controlar su tamaño después de la floración y retire los brotes muertos, enfermos o dañados (*consulte pág. 81 para obtener mayor información*).

Grupo 2

Este grupo de clematis florece al comienzo del verano sobre brotes del año anterior. Muchas de ellas florecerán por segunda vez a finales del verano. Las clematis del Grupo 2 requieren una poda ligera al comienzo de la primavera. Pode los tallos hasta la altura de un par de brotes sanos (*consulte pág. 81 para obtener mayor información*).

Grupo 3

Las clematis del Grupo 3 incluyen las clases de flores pequeñas *viticella* y *texensis*, *C. tangutica* y sus variedades, y algunas híbridas de flores grandes. Florecen desde mediados del verano hasta el otoño sobre los brotes de la nueva temporada. Puede podarlas en forma severa a comienzos de la primavera (*consulte pág. 82*) o más ligeramente (*consulte pág. 83*).

Clematis montana (Grupo 1)

Clematis Nelly Moser (Grupo 2)

Clematis Étoile Violette (Grupo 3)

Clematis Frances Rivis (Grupo 1)

Clematis H.E.Young (Grupo 2)

Clematis tangutica (Grupo 3)

Cómo podar después de plantar

Ayude a que todos los grupos de las clematis se adapten podándolas después de plantar en primavera o durante el primer año una vez finalizada la floración. Reduzca a la mitad la altura de la planta y pode por encima de un par de yemas sanas. Esto estimula que la planta desarrolle brotes en todas las yemas que quedan debajo de los cortes de poda. Así conseguirá una planta mucho más resistente. También estimula el desarrollo de raíces fuertes y sanas. Tenga cuidado al manipular las clematis, ya que sus tallos suelen ser quebradizos.

Cómo podar las del Grupo 1

Inmediatamente después de la floración, pode un poco las clematis del Grupo 1 para controlar el tamaño de la planta y mantenerla prolija. Pode los brotes largos de la nueva temporada, cortando por encima de un par de yemas sanas. Además, de esta forma, hará lucir las atractivas y sedosas cabezuelas de la planta. Tenga cuidado de no podar demasiado; de lo contrario, se desprenderán. Si una planta crece demasiado, pode todos sus tallos al comienzo de la primavera hasta lograr una altura de 15 cm.

Cómo podar las del Grupo 2

Pode las clematis del Grupo 2 al comienzo de la primavera cuando ya están creciendo los brotes y aparecen los nuevos tallos. Trabaje de arriba hacia abajo, podando cada tallo hasta la altura del primer par de yemas o brotes sanos. Retire las ramas muertas, enfermas o dañadas. Los nuevos brotes aparecerán en los tallos podados. Estos, a su vez, producirán las flores al comienzo de la primavera. Si una planta crece demasiado, pode todos sus tallos al comienzo de la primavera hasta lograr una altura de 15 cm. Es probable que no florezca al verano siguiente o quizá florezca más adelante.

Pode encima de los brotes sanos

Corte el exceso de follaje en primavera

Pode ligeramente hasta la altura de los nuevos brotes

Pronto nacerá el nuevo brote

La poda hacer lucir las cabezuelas

Los brotes nacen debajo de los cortes

Cómo podar las clematis del Grupo 3

La *Clematis* x *jouiniana* de floración tardía es muy vigorosa y es ideal para vestir grandes estructuras o para guiar sobre frondosos arbustos o árboles pequeños. Requiere de mucha poda a comienzos de la primavera, ya que corresponde a las del Grupo 3.

1 Esta clematis creció sobre una gran estructura piramidal construida con ramitas de abedul. Comience la poda retirando las ramas sueltas que cubren la estructura.

2 Una vez que haya podado las ramas apoyadas sobre la estructura, accederá mejor a la base de la planta. Pode las ramas largas para formar un macizo manejable de pequeñas ramas antes de realizar los cortes finales.

3 Pode los tallos hasta dejar una o dos yemas, como en la fotografía. Realice siempre cortes rectos por encima de un par de yemas sanas para reducir el riesgo de que la planta se seque.

4 Obtendrá un montón de brotes de alrededor de 15 cm de altura. Para estimular el crecimiento, agregue un poco de fertilizante y cubra con mantillo. La planta crecerá de 2 a 3 m y producirá flores a finales del verano.

La poda ligera de las clematis del Grupo 3, de floración tardía, como la *Clematis tangutica*, estimula la floración temprana.

Siga estas sencillas instrucciones para que la planta luzca una cascada de hermosas flores amarillas todo el verano.

1 A comienzos de la primavera, pode ligeramente los tallos principales para que la planta no sobresalga de la estructura. Como todo trabajo de poda, retire también los tallos muertos, dañados o enfermos.

2 Luego, pode ligeramente las ramas para no sobrepasar la estructura de la planta. De esta manera, su forma se mantendrá y se estimulará el crecimiento de nuevos brotes que producirán flores en verano. Realice los cortes por encima de dos yemas.

3 Si surgen nuevos brotes fuertes en la base de la planta, átelos al resto de la clematis para que el viento no los dañe. Los tallos de la clematis son frágiles.

4 Una vez que haya finalizado, la clematis lucirá levemente podada, luego de otorgarle la forma de la estructura de apoyo.

Cómo podar madreselvas y hiedras

Las madreselvas (*Lonicera*) se cultivan por sus flores de exquisito aroma. Deje que crezcan sobre arbustos o árboles, o estimule su crecimiento sobre estructuras de apoyo, como paredes o enrejados.

Las madreselvas no requieren muchos cuidados y, en verano, producen cantidades de flores de dulce aroma. Con los años, la base de estas plantas puede lucir leñosa, desprolija y demasiado crecida. Con un régimen de poda periódico, las controlará y estimulará la proliferación de flores.

1 En primavera, controle el tamaño de la madreselva eliminando los tallos desprolijos. Pode entre 30 y 50 cm la altura general de la planta.

2 Retire los tallos viejos, muertos, dañados o enfermos. Si su planta creció demasiado, corte los tallos hasta llegar a una altura de 15 cm. Pronto aparecerán nuevos brotes en la base, pero quizá no florezcan ese año.

3 Si no poda severamente la planta, a finales del verano obtendrá muchísimas flores. Si crece demasiado y luce desprolija, pódela nuevamente una vez finalizada la floración.

Las hiedras son trepadoras perennes muy versátiles: pueden cultivarse al sol o a la sombra y se adhieren a casi cualquier estructura o superficie. A finales de la primavera o a comienzos del verano, pode estas plantas para controlar su propagación y evitar que sus tallos obstruyan las canaletas.

1 El objetivo de esta poda es evitar la propagación de la planta en la pared y quitarla del tronco del árbol. Las hiedras pueden alojar polvo y suciedad. Utilice una máscara si esto lo afecta.

2 Comience a trabajar desde arriba de la pared, podando los tallos largos de la hiedra. Una vez que haya cortado lo suficiente, retire las ramas con las tijeras de podar. Corte también los brotes de las hiedras sobre los troncos de árboles o sobre otras plantas.

3 Retire los brotes de las hiedras que invadan las paredes y las canaletas de la casa. Al retirar las hiedras de las paredes, se verán las marcas de las raíces. Su función es ayudarlas a adherirse a la superficie. Utilice un cepillo duro para quitar las marcas.

4 Se podaron unos 45 cm de hiedra para permitir el crecimiento de nuevos brotes. También se la retiró del tronco del árbol, lo que otorga una vista menos abarrotada y más ligera del jardín.

Cómo podar rosales en trípodes

Los rosales trepadores, como este *Rosa* White Cockade, pueden guiarse sobre un trípode de madera para lograr un encantador centro de atención. Pode el rosal en otoño o a comienzos de la primavera.

Antes de comenzar

La planta es una maraña de tallos: los viejos deben podarse y los jóvenes deben atarse a la estructura.

1   Comience desprendiendo los tallos del rosal de la estructura. Corte las ataduras que sostienen al rosal y luego desenrede cuidadosamente los tallos de arriba hacia abajo.

2   Corte las ramas muertas, dañadas o enfermas. Luego retire uno de cada tres tallos viejos cortándolos a la altura del suelo. Deje la cantidad suficiente de tallos para cubrir el trípode.

3   Pode los espolones de los tallos que dieron flores la temporada anterior (*consulte págs. 34 y 35*) y átelos a la estructura junto a los tallos viejos sin podar. Estos espolones producirán tallos con flores el verano siguiente.

4   Ate los restantes tallos jóvenes y flexibles con hilo. Para que el trípode quede completamente cubierto, ate algunos tallos en el sentido de las agujas del reloj y otros en el sentido contrario.

Cómo podar rosales trepadores

Obtendra muchísimas flores si poda los rosales trepadores durante el otoño cuando los tallos aún son bastante flexibles.

Si no tiene tiempo en otoño, pode los rosales a finales del invierno o a comienzos de la primavera.

1 Retire uno de cada tres de los tallos más viejos. Serán bastante gruesos y deberán cortarse hasta casi el nivel del suelo con la ayuda de un serrucho o podón.

2 Utilice tijeras afiladas para podar los espolones de los tallos de floración del verano anterior hasta la altura de dos o tres yemas sanas (*consulte págs. 34 y 35*). Estas yemas explotarán con flores durante los meses del próximo verano.

Mantenimiento estival

3 Utilice hilo de jardín o hilo especial para rosas para atar todos los tallos. Al doblar y atar los tallos flexibles en las guías horizontales, se estimula el crecimiento de botones florales.

No intente podar un rosal trepador en verano. Simplemente ate los brotes jóvenes largos para que no se dañen o rompan. Estos serán los tallos que podará en otoño.

Este rosal trepador ha sido podado cuidadosamente y guiado sobre largos alambres horizontales adheridos a la pared con clavos pequeños. Utilice alambre galvanizado y sujételo a intervalos de 30 cm en la pared antes de plantar el rosal.

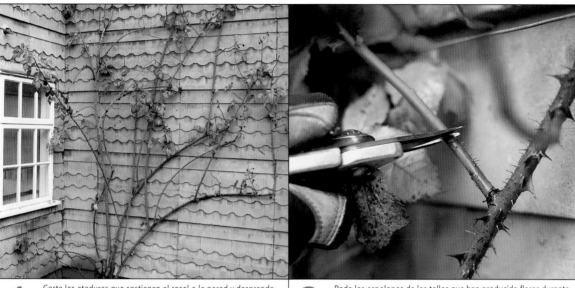

1 Corte las ataduras que sostienen el rosal a la pared y desprenda los tallos. Retire uno de cada tres de los tallos más viejos. No retire ninguno de los resistentes brotes nuevos en la base de la planta.

2 Pode los espolones de los tallos que han producido flores durante la última temporada hasta la altura de dos o tres yemas sanas (*consulte págs. 34 y 35*). De esta forma, se estimula el crecimiento de tallos con flores en los meses siguientes.

3 Ate las ramas restantes a los alambres e intente cubrir la pared lo más que pueda. Observará que algunos de los tallos se entrecruzan; sin embargo, no será problemático siempre y cuando no se rocen.

4 Aléjese de vez en cuando de la planta para observar si ha atado los tallos en forma de abanico. Para cuando llegue el verano, la planta habrá producido más tallos. Las hojas y las flores taparán por completo la pared.

Setos y cercos

Muy admirados por su belleza natural e importancia para la vida silvestre, los setos están de moda nuevamente. Otra causa de su creciente popularidad es que la mayoría de las plantas para setos requieren muy poco mantenimiento. Por ejemplo, los hermosos setos de hayas o carpes requieren sólo una poda anual, y un cerco de tejos se obtiene sólo con una o dos podas durante el verano. Sin embargo, existen otras clases de plantas de crecimiento rápido, especialmente los cipreses Leyland, que forman excelentes setos si se los poda, al menos, dos veces por año. Evítelos si no quiere trabajar mucho. Este capítulo lo ayudará a elegir el seto adecuado para usted y su jardín, y le explicará cómo y cuándo podarlo.

Setos y regímenes de poda

Todos los setos se podan para conservar la forma, pero, mientras que algunos solo necesitan una poda anual, otros exigen un mantenimiento más frecuente. Elija el arbusto que utilizará como seto teniendo en cuenta las distintas necesidades de las plantas.

El ciprés Leyland de crecimiento rápido Este perenne vigoroso alcanza rápidamente mucha altura si no se lo poda. Constituye un excelente seto frondoso. Da sombra y privacidad, pero deberá podarlo regularmente para mantenerlo dentro de sus límites.

Carpe decorativo Aunque el carpe (*Carpinus*) es una planta caducifolia, muchas de sus cobrizas hojas muertas permanecen en su lugar durante el invierno si se la poda a finales del verano. Pódela de la misma manera que un haya (*consulte págs. 100 y 101*).

Seto de rosales La *Rosa rugosa* es un seto que se cultiva por sus flores perfumadas de comienzo del verano y grandes escaramujos rojos de otoño. Tenga cuidado con las espinas de los tallos. Pode los setos de rosales a finales del invierno o a comienzos de la primavera.

Berberis resistente Con gran cantidad de preciosas flores y bayas, pero armada con feroces espinas, el seto de *Berberis darwinii* constituye un límite seguro. Pódelo severamente en verano para darle forma; se recuperará con facilidad.

Formal y elegante Si quiere obtener un seto prolijo, elija una planta que tolere la poda frecuente para mantener la forma. Las coníferas perennes, los boj (*Buxus*) y otras especies caducifolias, como carpes, funcionan como excelentes setos formales.

PLANTAS IDEALES PARA SETOS

PLANTA	CLASE	CARACTERÍSTICAS	USO	CUÁNDO PODAR
Berberis darwinii	perenne informal	flores, bayas	límites	a mediados del verano
Buxus sempervirens (boj)	perenne formal	follaje	bordes	a comienzos o a mediados del verano
Carpinus (carpe) y *Fagus* (haya)	perenne formal o informal	follaje	límites	a finales del verano o en otoño
Chamaecyparis lawsoniana (ciprés Lawson)	perenne formal	follaje	protegida	a mediados del verano o en otoño
Crataegus monogyna (espino)	caducifolio informal	flores, frutos	silvestre	en invierno o a comienzos de la primavera
x *Cupressocyparis leylandii* (ciprés Leyland)	perenne formal	follaje	protegida	a mediados del verano o en otoño
Elaeagnus x *ebbingei*	perenne formal	follaje	protegida	a finales del verano
Escallonia rubra	perenne formal	follaje, flores	protegida	a mediados del verano o en otoño
Fuchsia magellanica	caducifolio informal	flores	límites	en primavera
Griselinia littoralis	perenne formal	follaje	protegida	en primavera
Ilex aquifolium (acebo)	perenne formal o informal	follaje, bayas	silvestre	a finales del verano o a comienzos de la primavera
Lavandula (lavanda)	perenne formal o informal	follaje, flores	bordes	en primavera y a finales del *verano*
Ligustrum ovalifolium	perenne informal	flores	límites	a mediados del verano o en otoño
Lonicera nitida (madreselva)	perenne formal	follaje	bordes	a finales de la primavera, a mediados del verano y en otoño
Prunus laurocerasus (laurel cerezo)	perenne formal	follaje	protegida	a finales del verano y en otoño
Rosa rugosa (rosal)	caducifolio informal	flores, frutos	límites	a finales del invierno o a comienzos de la primavera
Taxus baccata (tejo)	perenne formal	flores, bayas	límites	a finales del verano o en otoño
Thuja plicata	perenne formal	flores	protegida	a finales del verano o en otoño
Viburnum tinus	perenne formal o informal	flores	límites	a finales del verano o en otoño

Setos y formas

Los setos pueden adoptar diferentes formas. Generalmente, la base es más ancha que la parte superior para protegerlos del viento y la nieve. Puede elegir también crear una parte superior recta, angular o redondeada, dependiendo de sus preferencias.

Seto de carpe formal Esta forma protege muchísimo del viento y evita que la nieve se aloje en la parte superior y quiebre los tallos.

Seto redondeado de coníferas La cúpula redondeada es de fuerte estructura que evita que el viento y la nieve dañen la planta. Además, presenta una apariencia discreta y menos formal.

Seto recto de tejo Este seto definido y formal se logra con plantas de crecimiento frondoso, como tejos, boj, ligustros o madreselvas *Lonicera*.

Cómo podar una superficie plana Utilice tijeras en un seto formal para lograr una superficie plana. Asegúrese de que las cuchillas estén horizontales para que el corte sea parejo; quizá necesite utilizar un cordel como referencia.

Guías e hilos Para que la parte superior quede derecha y pareja, ate una cuerda tirante entre dos postes a la altura a la que quiere cortar el seto (*consulte también pág. 104*).

Cómo lograr bordes redondeados con la bordeadora Para lograr un seto informal, pase la bordeadora suavemente por las esquinas y las orillas. El seto informal mantiene bien la forma y es resistente.

Arco frondoso Este arco se formó guiando las plantas a través de una estructura resistente de madera o metal. La poda se realiza más a menudo en la parte exterior para evitar que se cierre a medida que el arbusto crece.

Cómo podar setos de tejo

El tejo (*Taxus*) es una conífera versátil que forma un seto frondoso. Puede darle la altura y la forma que desee. Además, es una de las pocas coníferas que florecerá después de una poda severa.

Consejo práctico

Utilice una escalera para cortar los setos que sobrepasen su altura. No se estire demasiado ni se incline mucho hacia ninguno de los dos lados.

1 El seto de tejo crecerá cerca de 30 cm por año. La poda se debe hacer al final del verano para mantener el tamaño. Si el seto es alto, necesitará una escalera o plataforma de seguridad para cortar en la parte superior (*consulte la página opuesta*).

2 Utilice un cortacerco con motor de explosión o eléctrico para podar los costados y la parte superior hasta llegar al tamaño del verano anterior. Trate de mantener los bordes parejos. Utilice siempre protección visual y auditiva cuando trabaje con un cortacerco.

3 Con una escalera o plataforma segura y siguiendo una guía (*consulte pág. 104*), corte la parte superior del seto. Pode hasta donde podó el año anterior. Trabaje primero de un lado, corte hasta la mitad y, luego, realice lo mismo del otro lado.

Cómo podar setos de boj

Para lograr un efecto formal, utilice setos de boj (*Buxus sempervirens*) para los bordes de senderos y canteros. Mantenga la prolijidad y el tamaño de este arbusto perenne podándolo a comienzos del verano.

1   Debido a los nuevos brotes de la primavera, este seto de boj perdió su prolija apariencia. Utilice tijeras para cortarlos en verano. No demore, ya que el follaje se endurecerá antes del invierno.

2   Pode la parte superior del seto hasta el punto donde los brotes nuevos se unen a los viejos. Reconocerá los brotes nuevos por su color claro. Trate de podar la parte superior en forma pareja.

3   Corte los costados del seto de la misma forma que la parte superior hasta llegar a la altura de los brotes nuevos. Si duda respecto de cuánto cortar, cuidadosamente, pode en etapas.

4   Cuando haya finalizado, mire detenidamente el seto una vez más. Es probable que no haya advertido algunos brotes, en especial, en la base o en las esquinas. Pódelos para lograr una excelente terminación.

Cómo podar setos de haya

Una vez podado, este seto de haya logra
que la parte superior y los costados luzcan
rectos y formales. Pode los arbustos
caducifolios a finales del verano para
no interferir con la vida silvestre: los pájaros
podrán utilizarlos como nidos

Consejo práctico

Las hojas del haya permanecen en la
planta durante el invierno. Brindan,
entonces, textura y color a la
temporada invernal, por lo que
recomendamos no podarlas.

1 Utilice un cortacerco eléctrico o con motor de explosión para podar el seto. Si utiliza un cortacerco eléctrico, asegúrese de que el cable esté detrás de usted y de que la fuente de electricidad esté conectada a un disyuntor de emergencia.

2 Utilice anteojos protectores al cortar uno de los lados del seto. Trabaje de abajo hacia arriba y de izquierda a derecha. Trate de mantener la línea natural del seto y reduzca el ancho según sus necesidades. Luego, pode del otro lado.

3 Trabaje la parte superior de la planta en línea recta o pódela en forma redondeada si es habitual que nieve en su zona. Reduzca la altura y utilice una guía, si es necesario (*consulte pág. 104*).

Cómo renovar setos de carpe

Cuando un seto de carpe (*Carpinus*) o haya (*Fagus*) crezca demasiado y se formen huecos, renuévelo a finales del invierno. Este proceso llevará dos años: corte de un lado un año y del otro al año siguiente.

1 Este seto de carpe tiene más de cuarenta años. Resulta dificultoso cortarlo porque ha crecido demasiado. El objetivo de renovarlo es reducir 90 cm su altura y ancho. Para eso, podaremos primero de un lado y luego la parte superior.

2 Cuando comience a podar un seto, corte primero las ramas muertas y enfermas. Las detectará fácilmente. Córtelas hasta obtener madera sana.

3 Utilice podones para las ramas laterales que son de difícil acceso o están mal ubicadas. Estas ramas son demasiado gruesas para las tijeras de podar. No utilice esta herramienta para ramas de más de 1,5 cm de diámetro.

Cómo renovar setos de carpe *(continuación)*

4 Siempre que tenga que cortar ramas que sobrepasan su altura, utilice anteojos de protección para evitar que el aserrín o cualquier residuo entre en sus ojos. A esta altura, le resultará mejor utilizar un serrucho que un podón.

5 Para que la parte superior quede recta, coloque dos postes en los extremos del cerco y ate cuerdas firmes entre ellos. Para verificar que el seto esté parejo, coloque otra caña en forma horizontal sobre la cuerda.

6 Utilice una escalera para acceder a la parte superior del seto. Si el seto es muy extenso, quizá le resulte útil colocar cañas y guías horizontales sobre una parte y luego moverlas a lo largo del seto.

7 Utilice un serrucho para cortar ramas gruesas en la parte superior del seto. Comience por las ramas más cercanas. Si el seto es muy ancho, deberá moverse hacia el otro lado para poder cortar las ramas más alejadas.

8 Para que el seto tenga tiempo de regenerarse y de recuperar su energía, el primer año córtelo sólo de un lado y en la parte superior. Córtelo del otro lado al año siguiente. El seto podrá lucir esquelético, pero pronto volverá a la vida.

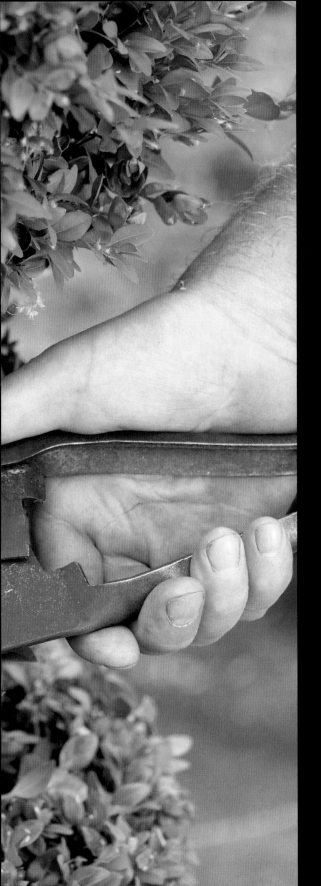

Cómo guiar y dar forma

Podar para lograr ciertos efectos es una habilidad, pero, con un poco de práctica, logrará fantásticos resultados en el jardín y el patio. Los arreglos de rosales en guirnaldas componen magníficos senderos o escenarios, mientras que un arbusto podado en espiral produce un toque de elegancia en un rincón. Necesitará algunas herramientas especiales para crear y mantener sus arreglos; sin embargo, son valiosas teniendo en cuenta el precio de un trabajo de decoración contratado. En este capítulo, se explican los métodos básicos de la poda creativa; podrán utilizarse como punto de partida para inspirarse y crear imaginativos arreglos.

Cómo guiar rosales con alambres

Los rosales trepadores pueden guiarse fácilmente con alambres para crear escenarios floridos o senderos perfumados. En esta foto, los alambres están ocultos debajo de las elegantes flores blancas de la *Rosa mulliganii.*

Cuándo podarlos

A finales del otoño, los tallos de los rosales son flexibles, fáciles de podar y guiar sin dañarlos.

1 Desprenda los tallos de los alambres y corte aquellos que encuentre muertos, enfermos o dañados. Tenga cuidado de no dañar ninguno de los brotes fuertes y jóvenes en la base de la planta; los necesitará luego.

2 Corte uno de cada tres de los tallos viejos de la base. Estos tallos pueden ser gruesos, por lo que necesitará un serrucho o un podón. Retire también la madera muerta que encuentre en la base, ya que puede albergar infecciones.

3 Pode los espolones de las ramas que han producido flores durante la última temporada y que estén adheridos a las ramas viejas (*consulte págs. 34 y 35*). Ate estos tallos y los brotes de la base de la planta en la estructura de apoyo.

4 Una vez que los tallos estén sujetos a la estructura, comience a atarlos a los alambres. Trate de atar la misma cantidad de tallos en cada alambre. Quizá le resulte útil enrollar los tallos en los alambres para luego atarlos.

Cómo crear una planta estándar

La planta "estándar" es aquella que, mediante la poda, logra tener el tallo despejado y la parte superior frondosa en forma de esfera. La fucsia, el boj, el viburno y el acebo, como mostramos aquí, son excelentes para crear plantas estándar.

1 Este acebo (*Ilex* x *altaclarensis* Golden King) no tiene el tallo despejado ni la parte superior frondosa. Sin embargo, podando un poco, podrá darle forma con facilidad. En primer lugar, decida a qué altura desea desarrollar la copa.

2 Corte algunas de las ramas inferiores, pero no se entusiasme y corte todas al mismo tiempo, ya que éstas ayudan a distribuir savia a toda la planta. Una vez que logre que la parte superior parezca una linda esfera, podrá cortar todas las ramas inferiores.

3 Para lograr que la planta luzca una copa frondosa, corte las ramas largas de 5 a 15 cm, podando por encima de las yemas, y corte los extremos de los tallos más pequeños. Esto estimula el crecimiento de los brotes a la altura de las puntas.

4 Inserte una caña o estaca resistente para guiar el tallo principal, que, en esta etapa de crecimiento, es aún bastante débil. Ate el tallo principal a la estaca con firmeza. Pode la parte superior para darle forma cada año. Gradualmente, quedará cubierta por completo.

Herramientas y técnicas de la poda creativa

Con algunas herramientas y sencillas técnicas de poda, podrá crear sus propios diseños, bellos y económicos. Utilice plantas de hoja pequeña, como el boj (*Buxus*), las coníferas y la madreselva (*Lonicera nitida*), para obtener los mejores resultados.

Cómo elegir las herramientas y las plantas La planta más utilizada para ornamentación es el boj (*Buxus*), porque es de crecimiento fácil, de sol o de sombra, y por sus hojas perennes ideales para diseños creativos. Compre un ejemplar con buena forma, y plántelo en el jardín con tierra fértil o en una maceta con compost orgánico con base de tierra vegetal. También necesitará un par de tijeras de podar, tijeras especiales de poda artística (*derecha*) y un par de tijeras de mango largo para crear esculturas en plantas.

Cómo utilizar herramientas de poda creativa

Para crear diseños ornamentales, primero deberá retirar los tallos largos y descarriados. Las tijeras de poda artística (*arriba, a la derecha*) son útiles para podar esferas pequeñas y formas más complicadas, como espirales (*consulte págs. 16 y 17*), mientras que las tijeras de mango largo (*abajo*) son ideales para conos y formas sencillas.

Las tijeras de poda artística con manivelas o de mango largo tienen una inclinación leve para seguir el contorno de una figura curva, como el cono. Utilice las tijeras con la curvatura hacia abajo para podar la parte superior del cono (*abajo, a la izquierda*) y luego voltéelas para dar forma en la parte inferior (*abajo, a la derecha*).

Plantillas caseras Puede comprar plantillas para poda creativa de muchas formas o crear las propias con alambre. Un consejo práctico para crear una plantilla circular es cortar un trozo de alambre de un carretel y unir los extremos.

Esterilización de herramientas Para evitar la propagación de enfermedades, limpie sus herramientas con una solución esterilizante antes de podar otra planta. Use cualquier desinfectante económico que utilice normalmente en su casa.

Cómo usar cañas

Los expertos en poda creativa utilizan cañas para las figuras con trazos rectos, mientras que otros prefieren trabajar a ojo. Las cañas son útiles para guiar las plantas en forma vertical. Por ejemplo, el pavo real abajo tiene una leve inclinación hacia la derecha. Para solucionar este problema, se hundió una caña larga en la tierra a 30 cm detrás del diseño y a un ángulo de 60°, apoyándose sobre éste (*abajo a la izquierda*). Luego, se empujó la cabeza del pájaro detrás de la caña para enderezarlo. Después de un par de meses, la caña podrá retirarse y el pájaro mantendrá su forma vertical.

Cómo crear conos

Las figuras sencillas de poda decorativa, como conos, sirven para muchas áreas. Agregan estructura a bordes formales y terrazas elegantes. Además, son muy fáciles de crear.

1 Cuando compre un boj u otras plantas para poda, elija ejemplares sanos y frondosos cubiertos de hojas con un tronco principal bien recto en el centro. Antes de plantarlos, asegúrese de ubicar el mejor lado al frente.

2 Párese delante de la planta y ubique el tronco central que funcionará como el vértice superior del cono. Con tijeras de mango largo, comience a podar el boj desde este lugar hacia fuera. Muévase alrededor de la planta mientras poda.

3 Aléjese de vez en cuando para verificar la forma del cono. Para obtener un cono perfectamente circular, mírelo desde el vértice superior. Desde esta posición, podrá observar si la poda es completamente pareja.

4 Si el cono tiene algunos huecos, no siga podando, o lo único que obtendrá será un diseño diminuto. No se preocupe por los huecos. En unos meses, nuevos brotes crecerán y los llenarán. Emprolije el cono dos veces al año durante el verano.

Cómo crear espirales con la poda creativa

Para crear esta espiral escultural con una esfera en la parte superior, utilice un arbusto redondeado, y pode los dos tercios inferiores en forma de cono (*consulte págs. 114 y 115*). Luego siga estos pasos para completar la figura.

Consejo práctico

Para hacer un globo, utilice una plantilla circular hecha de alambre (*consulte pág. 113*). Deje los huecos para que los brotes los completen.

1 Una vez que haya logrado crear un cono con los dos tercios inferiores de la planta, forme la esfera en la parte superior con un par de tijeras para poda artística. Asegúrese de que el centro luzca proporcionado respecto del cono; ni demasiado grande ni demasiado pequeño.

2 Comience dándole forma con tijeras para poda artística. Pode el tallo central de la planta, unos 20 cm de la parte inferior, para crear un espacio con inclinación hacia arriba. Muévase alrededor de la planta, podando en el mismo ángulo.

3 La espiral deberá ser un poco más ancha en la parte inferior y angostarse hacia la parte superior. Tómese su tiempo y aléjese de la planta de vez en cuando para verificar su trabajo. Redondee los bordes de la espiral para obtener la forma deseada.

4 Termine la espiral y luego forme la esfera en la parte superior. Pode de a poco y con la ayuda de una plantilla (*izquierda*). Aléjese de vez en cuando para verificar con la plantilla que la esfera no pierda su forma desde ningún ángulo.

Guía de poda de plantas

Esta guía indispensable describe paso a paso las necesidades de una amplia variedad de populares plantas de jardín, detallando cómo y cuándo podar. Los símbolos siguientes indican las condiciones de crecimiento que prefiere cada planta.

Significado de los símbolos

♈	Plantas destacadas por su versatilidad y belleza

Tipo de suelo

◌	Suelo con óptimo drenaje
◑	Suelo húmedo
○	Suelo muy húmedo

Preferencia de sol o sombra

☀	Pleno sol
☀	Media sombra
☼	Sombra plena

Nivel de resistencia

✳✳✳	Plantas muy resistentes
✳✳	Plantas que toleran permanecer a la intemperie en regiones templadas o que deben permanecer en lugares protegidos
✳	Plantas que necesitan protección contra las heladas invernales
❀	Plantas frágiles que no soportan las heladas

Guía para la poda de plantas (Ab-Ca)

Abelia x grandiflora

La *Abelia* se cultiva por sus flores y por su atractivo follaje variegado o dorado. En primavera, pode los tallos con hojas que han perdido su tonalidad variegada. En general, no es necesario podar demasiado esta planta, pero se deben retirar las ramas delgadas y los tallos muertos o dañados.

Alto: 3 m   **Ancho**: 4 m
❄❄ ◊ ☼ ♈

Acer davidii

El arce de piel de serpiente es famoso por la belleza de su corteza que lo vuelve especialmente atractivo durante el invierno. Deje el tronco desnudo. Cuando la planta es pequeña, esto se logra retirando todas las ramas más bajas durante el verano o el invierno usando tijeras de podar.

Alto: 15 m   **Ancho**: 15 m
❄❄❄ ◊ ☼ ☼

Acer palmatum

Todas las variedades de este tipo se cultivan por el adorable follaje y los cálidos colores otoñales. Pode las ramas delgadas a mediados del verano para mantener la forma. A principios de la primavera, corte las partes que se hubieran marchitado en el invierno y las ramas muertas, enfermas o dañadas cuando las detecte.

Alto: 8 m   **Ancho**: 10 m
❄❄❄ ◊ ☼ ☼

Actinidia deliciosa

El kiwi es una planta trepadora que se cultiva por su encantador follaje y sus colores otoñales. Pode las ramas delgadas a mediados del verano para mantener la forma. A principios de la primavera, corte las partes que se hubieran marchitado en el invierno y las ramas muertas, enfermas o dañadas cuando las detecte.

Alto: 10 m
❄❄ ◊ ☼ ☼

Artemisia *Powis Castle*

Este arbusto de aspecto espumoso posee un atractivo follaje plateado que se debe podar ligeramente en primavera para mantener la forma y para favorecer el crecimiento. Pódelo ligeramente al igual que la lavanda (*véase págs. 64-65*), de lo contrario, la planta no volverá a crecer.

Alto: 60 cm   **Ancho**: 90 cm
❄❄ ◊ ☼ ♈

Aucuba japonica

Cultivada por sus brillantes hojas perennes, la planta hembra también puede portar atractivas bayas rojas. Muchas variedades lucen un follaje multicolor o moteado muy decorativo. Pode ligeramente esta planta en cualquier momento para que mantenga la forma: También responde adecuadamente a la poda severa.

Alto: 3 m   **Ancho**: 3 m
❄❄❄ ◊ ◐ ☼ ☼

Berberis x stenophylla

Cultive esta planta espinosa de flores doradas como arbusto solo o en conjuntos, para formar un seto. Si crece demasiado, pódelo de la misma forma que la mahonia (*véase págs. 68-69*). Para mantener su forma compacta, una vez que florece, retire un tercio de los tallos más antiguos y recorte los más delgados. Para hacerlo, utilice guantes gruesos.

Alto: 3 m **Ancho**: 5 m

✹✹✹ ◊ ◊ ☼ ☀ ♀

Berberis thunbergii

Esta planta compacta, con flores color amarillo, brillantes bayas rojas y maravillosos colores otoñales, puede emplearse para varios usos. Con guantes gruesos, pódela ligeramente a fines del verano o a principios del otoño para mantener su forma, o emplee el mismo procedimiento de poda que se aplica a la mahonia (*véase págs. 68-69*) si crece demasiado.

Alto: 1 m **Ancho**: 2,5 m

✹✹✹ ◊ ◊ ☼ ☀ ♀

Betula utilis *var.* jacquemontii

Esta planta se cultiva por su atractiva corteza blanca y plateada. A medida que pasen los años, retire las ramas inferiores. Para que se destaque la corteza, es ideal que el tronco mida unos 2 m de altura. A mediados del verano o en invierno, corte también las ramas dañadas, enfermas o entrecruzadas de la parte central.

Alto: 18 m **Ancho**: 10 m

✹✹✹ ◊ ◊ ☼ ☀

Buddleja davidii

El arbusto de las mariposas es una planta vigorosa que florece en verano. Pódelo a fines del invierno o a comienzos de la primavera. Corte las ramas hasta dejar dos capullos sobre los brotes que hayan crecido en la temporada anterior. Una vez que florece, corte también las flores marchitas para evitar que propaguen semillas.

Alto: 3 m **Ancho**: 5 m

✹✹✹ ◊ ◊ ☼ ☀

Buxus sempervirens

Empleado generalmente como seto formal pequeño, esta planta perenne también se puede guiar a través de una poda artística. Cuando se opte por guiarla, es recomendable podarla al menos dos veces al año: una vez a fines de la primavera y nuevamente a mediados del verano.

Alto: 5 m **Ancho**: 5 m

✹✹✹ ◊ ◊ ☼ ☀ ♀

Calluna vulgaris

El brezo escocés común florece durante los meses del verano. Algunas variedades se destacan por el hermoso follaje dorado. Para obtener mejores resultados, se debe podar a comienzos de la primavera, pero no corte el tronco porque la planta no volverá a crecer.

Alto: 10-60 cm **Ancho**: hasta 75 cm

✹✹✹ ◊ ☼

Guía para la poda de plantas (Ca-Ch)

Camellia japonica

Este arbusto perenne que florece en primavera no requiere una poda exhaustiva. Para mantener su forma, es posible que sea necesario cortar las ramas después de la floración. Si la planta crece demasiado, reduzca su tamaño y rejuvenézcala practicando una poda muy severa (*véase págs. 54-55*) en verano.

Alto: 9 m **Ancho**: 8 m ✿✿✿ ◊ ☼ ☀

Camellia x williamsii *Donation*

Este arbusto perenne, que florece en primavera, se cultiva como planta o como seto informal. Retire los brotes delgados una vez que florece para mantener la planta sana. Si crece demasiado, haga una poda severa para rejuvenecerla. Lo ideal es esperar hasta después de que florezca (*véase págs. 54-55*).

Alto: 5 m **Ancho**: 2,5 m
✿✿✿ ◊ ☼ ☀ ♀

Campsis x tagliabuana

Guíe esta vigorosa planta trepadora de apariencia exótica, que florece en verano, sobre una pared, o cerca de otra estructura permanente. Para que la planta mantenga dimensiones fáciles de manejar, debe realizar una poda de espolones a comienzos de la primavera en cada uno de los tallos hasta dejar dos pares de capullos (*véase págs. 34-35*).

Alto: 10 m
✿✿ ◊ ◊ ☼ ☀

Carpinus betulus

El ojaranzo es un árbol caducifolio que se puede usar como planta ornamental o para formar un seto. Cuando se lo deja crecer, requiere una poda mínima. Si se opta por un seto, se debe podar al final del verano o el invierno (*véase págs. 102-105*).

Alto: 25 m **Ancho**: 20 m
✿✿✿ ◊ ◊ ☼ ☀ ♀

Caryopteris x clandonensis *Arthur Simmonds*

Este encantador arbusto pequeño produce hermosas flores azules a fines del verano y tiene un follaje plateado, decorativo y aromático. Pódelo ligeramente a principios de la primavera, al igual que la *Fuchsia magellanica* (*véase pág. 129*).

Alto: 1 m **Ancho**: 1,5 m
✿✿✿ ◊ ☼ ♀

Catalpa bignonioides

Cuando se cultiva como árbol, pódelo únicamente para quitar los tallos muertos, enfermos o entrecruzados. Otra opción es talar anualmente las plantas jóvenes (*véase págs. 36-37*), para contener su tamaño y favorecer el crecimiento de brotes fuertes con hojas grandes y decorativas.

Alto: 15 m **Ancho**: 15 m
✿✿✿ ◊ ☼ ♀

Ceanothus *Blue Mound*

Esta variedad de la planta perenne conocida como lila de California florece a comienzos del verano. Una poda ligera una vez que florece, ayuda a mantener el tamaño del *Ceanothus* (*véase pág. 56*), pero no abuse al podar las ramas, ya que las plantas generalmente no se regeneran.

Alto: 1,5 m **Ancho**: 2 m
❀❀ ◊ ◖ ☼ ☀ ♈

Ceratostigma willmottianum

Este encantador arbusto pequeño produce preciosas flores azules a fines del verano. Para podar, corte todos los brotes del año anterior justo por encima del nivel del suelo desde principios y hasta mediados de la primavera. Cubra con abono de jardinería y la planta crecerá de manera explosiva.

Alto: 1 m **Ancho**: 1,5 m
❀❀❀ ◊ ◖ ☼ ♈

Cercis canadensis *Forest Pansy*

Este árbol pequeño se cultiva por sus flores rosa liliáceas que aparecen a principios del verano y su follaje color púrpura, que se torna rojo vibrante en el otoño. Pode cuidadosamente cuando la planta es joven para crear una buena estructura de ramas. Luego, pode únicamente si se vuelve demasiado grande o si las ramas obstaculizan el paso.

Alto: 10 m **Ancho**: 10 m
❀❀❀ ◊ ◖ ☼ ☀ ♈

Chaenomeles *cultivars*

Cultive membrillos que dan flor como arbustos independientes o guíelos contra una pared. Pode la planta una vez que florece y corte todos los brotes nuevos hasta llegar a cinco o seis. Estos producirán espolones cubiertos de flores la primavera siguiente. Retire también las ramas largas o desaliñadas.

Alto: hasta 2,5 m **Ancho**: hasta 3 m
❀❀❀ ◊ ☼ ☀

Chimonanthus praecox

Es un arbusto muy perfumado que florece en invierno. Las flores se producen a partir de tallos que tienen varios años. Por lo tanto, pode simplemente los brotes delgados una vez que la planta haya terminado de florecer. Si se vuelve demasiado grande, realice una poda severa en el invierno, pero luego no florecerá por varios años.

Alto: 4 m **Ancho**: 3 m
❀❀❀ ◊ ☼

Choisya ternata

El naranjo o azahar mexicano es un arbusto perenne que da flores. Exige muy poca poda, pero en primavera se deben quitar los brotes dañados por las heladas invernales. Si la planta se ve desaliñada, responde muy bien a una poda severa prácticamente a ras del suelo a comienzos de la primavera.

Alto: 2,5 m **Ancho**: 2,5 m
❀❀❀ ◊ ◖ ☼ ☀ ♈

Guía para la poda de plantas (Cl-Co)

Clematis alpina

Las exóticas flores violeta azulado en primavera que aparecen sobre los brotes del año anterior junto con atractivos frutos esponjosos. Para podar, a principios de la primavera retire los brotes muertos o dañados. Para las plantas que crecieron demasiado, realice una poda severa y corte hasta 15 cm desde el suelo a comienzos de la primavera (*véase pág. 81*).

Alto: 2-3 m, Grupo 1
❀❀❀ ◊ ◑ ☼ ☀ ♀

Clematis armandii

Esta clematis perenne, posee flores blancas y perfumadas de gran tamaño. No es muy resistente y se recomienda cultivarla al abrigo de una pared o cerco cálido y soleado. Para podar, durante la primavera retire todos los brotes muertos o dañados por el clima frío del invierno (*véase pág. 81*).

Alto: 3-5 m, Grupo 1
❀❀ ◊ ◑ ☼ ☀

Clematis *Étoile Violette*

Una vigorosa clematis que produce muchísimas flores color púrpura a fines del verano en los brotes desarrollados en la temporada. Para podar, corte todos los brotes hasta 15-30 cm por encima del nivel del suelo a principios de la primavera (*véase pág. 82-83*).

Alto: 3-5 m, Grupo 3
❀❀❀ ◊ ◑ ☼ ☀ ♀

Clematis *H.F. Young*

Esta clematis da grandes flores azules a comienzos del verano. Pódela ligeramente a principios de la primavera. Empiece desde la parte superior y pode cada tallo hasta llegar al primer par de brotes sanos. Si la planta crece demasiado, realice una poda severa a comienzos de la primavera hasta 15 cm por encima del nivel del suelo (*véase pág. 81*).

Alto: 2,5 m, Grupo 2
❀❀❀ ◊ ◑ ☼ ☀

Clematis *Jackmanii*

Este clásico, que produce muchísimas flores púrpura azulado profundo durante el verano, se debe podar a comienzos de la primavera. Corte todos los brotes hasta 15-30 cm por encima del nivel del suelo (*véase págs. 82-83*).

Alto: 3 m, Grupo 3
❀❀❀ ◊ ◑ ☼ ☀ ♀

Clematis *Nelly Coser*

Esta popular clematis produce grandes flores rosadas a fines de la primavera y nuevamente a fines del verano. Pode ligeramente a comienzos de la primavera y corte cada tallo hasta el primer par de capullos sanos. Realice una poda severa hasta 15 cm desde el suelo (*véase pág 81*) a comienzos de la primavera en las plantas demasiado crecidas.

Alto: 2-3 m, Grupo 2
❀❀❀ ◊ ◑ ☼ ☀ ♀

Cornus alba

El cornejo se cultiva por los encantadores colores invernales de sus tallos y por las muchas variedades que existen, como *C. alba,* que se destaca por el rojo intenso, para favorecer el desarrollo de tallos fuertes y llenos de color, pode la planta en primavera (*véase págs. 36-37*). Si no se poda, los tallos comenzarán a perder sus colores invernales con el paso del tiempo.

Alto: 3 m **Ancho**: 3 m
✿✿✿ ◊ ◊ ◆ ☼ ☀

Cornus alternifolia *Variegata*

Este precioso arbusto produce flores blancas en primavera y sus ramas de distintos niveles están cubiertas por hojas multicolores. Al podar, retire las ramas inferiores de las plantas jóvenes para lograr una forma más elegante y, ocasionalmente, afine la parte central de los árboles para destacar su estructura horizontal.

Alto: 3 m **Ancho**: 2,5 m
✿✿✿ ◊ ◊ ☼ ☀

Cornus kousa *var.* chinensis

Brácteas blancas a fines de la primavera, frutas estivales de color rojo y hermosas hojas otoñales hacen de esta planta de jardín una alternativa muy valiosa. En verano o en invierno, retire algunas de las ramas más bajas de las plantas jóvenes para dejar a la vista la corteza ornamental y corte los tallos entrecruzados en la copa.

Alto: 7 m **Ancho**: 5 m
✿✿✿ ◊ ◊ ☼ ☀ ♀

Cornus sanguinea *Winter Beauty*

Para obtener maravillosos tallos multicolores durante el invierno, pode este hermoso cornejo a fines de la primavera para favorecer el desarrollo de brotes fuertes. Cuando la planta es joven, se recomienda no podarla por dos años para ayudarla a consolidarse. Luego puede podarla anualmente.

Alto: 3 m **Ancho**: 2,5 m
✿✿✿ ◊ ◊ ◆ ☼ ☀

Corylus avellana *Contorta*

Este avellano, arbusto de crecimiento lento con tallos crispados, muestra todo su esplendor durante el invierno. En primavera y verano, las ramas quedan escondidas debajo de una capa de hojas desordenadas. Pódelo únicamente para retirar ramas dañadas, enfermas, muertas o entrecruzadas.

Alto: 5 m **Ancho**: 5 m
✿✿✿ ◊ ◊ ☼ ☀

Cotinus coggygria

El árbol de las pelucas se cultiva por su colorido follaje y sus flores similares a las plumas. Si no se poda, puede convertirse en una planta muy grande. Pódela todos los años, pero es posible que pierda las flores. Para lograr brotes fuertes con hojas más grandes, realice una poda severa anual (*véase págs. 48-49*).

Alto: 5 m **Ancho**: 5 m
✿✿✿ ◊ ◊ ☼ ☀ ♀

Guía para la poda de plantas (Co-Eu)

Cotoneaster horizontalis

Este arbusto de lento crecimiento es excelente para cubrir paredes y espacios vacíos. El *Cotoneaster* produce unas maravillosas bayas rojas en otoño. Pódelo a principios de la primavera para mantener la forma y para evitar que se extienda demasiado.

Alto: 1 m   **Ancho**: 1,5 m

Crataegus monogyna

El espino generalmente se cultiva como árbol ornamental o como planta para setos. A fines de la primavera produce flores perfumadas. Se cubre de bayas rojas en otoño. Los árboles no necesitan ser podados, pero se deben cortar los setos a comienzos de la primavera para evitar cualquier molestia ocasionada por los pájaros y otros animales.

Alto: 10 m   **Ancho**: 8 m

Cytisus x praecox

Esta retama se cubre de flores color amarillo dorado a comienzos del verano. Requiere una poda mínima. Aún así, no está de más entresacar el follaje ligeramente después de florecer para mantener la forma. No corte las ramas principales.

Alto: 1,2 m   **Ancho**: 1,5 m

Daboecia cantabrica *f.* alba

Los integrantes de la familia del brezo, que florecen en verano, se deben podar ligeramente con podadora a comienzos de la primavera. Corte todas las flores viejas pero no ceda a la tentación de cortar las ramas ya que esta planta no se regenerará.

Alto: 25-40 cm   **Ancho**: 65 cm

Daphne bholua

Las flores dulcemente perfumadas de este arbusto aparecen en invierno. Corte las puntas de los brotes de las plantas jóvenes para fomentar un crecimiento tupido (*véase págs. 42-43*). También puede realizar esta tarea en plantas más antiguas, pero no realice una poda severa ya que la planta no responderá satisfactoriamente.

Alto: 2-4 m   **Ancho**: 1,5 m

Deutzia *x* hybrida *Mont Rose*

Este encantador arbusto que florece a principios del verano se cultiva muy fácilmente. Pode una vez que florezca al igual que el *Philadelphus* (*véase pág. 57*) e intente cortar aproximadamente un tercio de los tallos más antiguos para impulsar a los brotes nuevos a abrirse camino desde la base de la planta.

Alto: 1,2 m   **Ancho**: 1,2 m

Elaeagnus pungens *Maculata*
Esta planta perenne con follaje salpicado de gotas doradas se cultiva como arbusto o como seto. Pódelo en invierno o primavera y corte los brotes de la temporada anterior hasta dejar dos o tres. Para evitar la reversión, corte todas las hojas verdes para conservar el follaje variegado.

Alto: 4 m **Ancho**: 5 m
❀❀❀ ◊ ☼

Erica arborea *var. alpina*
La familia del brezo comprende muchas variedades y este es uno de los de mayor tamaño. El árbol produce enormes cantidades de flores blancas perfumadas en primavera. A diferencia de otros árboles de este tipo, las plantas demasiado crecidas responden muy bien a la poda severa a mediados de la primavera.

Alto: 2 m **Ancho**: 85 cm
❀❀❀ ◊ ☼ ♈ ♉

Erica carnea
Este adorable integrante de la familia del brezo produce flores en invierno. Se debe podar desde mediados hasta fines de la primavera. Retire las flores pero no pode las ramas principales *(véase pág. 41)*.

Alto: 20-25 cm **Ancho**: 55 cm
❀❀❀ ◊ ☼

Erica cinerea *f. alba*
El brezo florece desde mediados hasta fines del verano. Despunte la planta a comienzos de la primavera para eliminar las cabezuelas de las flores marchitas. No corte las ramas porque la planta no se regenerará *(véase pág. 41)*.

Alto: 30 cm **Ancho**: 55cm
❀❀❀ ◊ ☼

Escallonia *Apple Blossom*
Cultive este arbusto perenne cuyas flores se asoman a principios del verano solo o en conjuntos de setos. Desde mediados hasta fines del verano, corte los brotes a la mitad para mantener la planta relativamente compacta. Realice una poda severa en las plantas grandes después de la floración.

Alto: 2,5 m **Ancho**: 2,5 m
❀❀❀ ◊ ◊ ☼ ♉

Eucalyptus gunnii
Esta hermosa planta posee un característico follaje azul plateado. Se puede dejar crecer hasta que se convierta en un árbol de gran tamaño, pero para mantenerlo como un arbusto pequeño, todos los años debe realizar una poda severa a comienzos de la primavera. El follaje nuevo de vibrantes colores también funciona como un excelente punto focal.

Alto: hasta 25 m **Ancho**: hasta 15 m
❀❀ ◊ ◊ ☼ ♉

Guía para la poda de plantas (Eu-Ha)

Euonymus europaeus

El evónimo es un árbol que se cultiva por sus colores otoñales y sus atractivos frutos. Pode los árboles jóvenes para darles forma y estructura. Los árboles más antiguos no requieren mucha poda, aparte de retirar las ramas secas, dañadas o enfermas y los tallos entrecruzados.

Alto: 3 m **Ancho**: 2,5 m

❀❀❀ ◊ ◊ ☼ ☀

Euonymus fortunei

Guíe esta planta de follaje perenne para que ascienda contra una pared o un cerco, utilícela para cubrir espacios vacíos o cultívela como un arbusto. Córtela ligeramente a principios de la primavera para mantener la forma. Retire inmediatamente cualquier reversión (tallos con follaje completamente verde) en las plantas de hoja variegada.

Alto: 60 cm **Ancho**: indefinido

❀❀❀ ◊ ◊ ☼ ☀

Exochorda x macrantha *The Bride*

Este arbusto, que florece a fines de la primavera, posee muchísimas flores blancas que cuelgan de sus largas ramas. Para que la planta se mantenga joven y vigorosa, retire algunos de los tallos más antiguos cada primavera y realice una poda severa si la planta crece demasiado, pero perderá las flores de la temporada.

Alto: 2 m **Ancho**: 3 m

❀❀❀ ◊ ◊ ☼ ☀ ♈

x Fatshedera lizei

Este arbusto perenne tiene hojas grandes y brillantes similares por su forma a la hiedra y es adecuado para áreas sombrías. Es una excelente planta de follaje tupido y requiere muy poca poda, pero se deben retirar los brotes delgados. Se recomienda hacer esta tarea en primavera.

Alto: 1,2-2 m **Ancho**: 3 m

❀❀ ◊ ◊ ☼ ☀

Forsythia x intermedia
Lynwood Variety

Las flores primaverales de color amarillo intenso de este gran arbusto aparecen en las ramas formadas la temporada anterior. Una vez que florece, retire una de cada tres de las ramas más antiguas todos los años. A comienzos de la primavera, realice una poda severa cuando las plantas hayan crecido demasiado.

Alto: 3 m **Ancho**: 3 m

❀❀❀ ◊ ◊ ☼ ☀ ♈

Fremontodendron
California Glory

Este arbusto perenne generalmente se cultiva contra una pared soleada. Ocasionalmente puede ser necesario reducir la longitud de los brotes muy extensos a comienzos del verano. Al podar, tome los recaudos necesarios ya que esta planta puede causar irritación en la piel.

Alto: 6 m **Ancho**: 4 m

❀❀ ◊ ☼ ♈

Fuchsia magellanica

Esta elegante fucsia, que florece en verano, se cultiva como arbusto o como seto con flores. A comienzos de la primavera, pode ligeramente la planta hasta llegar a los tallos verdes y sanos. No obstante, luego de un invierno muy crudo, pódela a nivel del suelo.

Alto: 3 m **Ancho**: 2-3 m

❀❀ ◊ ◊ ☼ ☀

Garrya elliptica *James Roof*

Es un gran arbusto perenne que generalmente se cultiva contra una pared soleada para protegerlo durante el invierno. A fines de esta estación se cubre de largas y decorativas candelillas que le aportan características fascinantes. Pódelo anualmente a comienzos de la primavera para conservar el tamaño (*véase pág. 67*).

Alto: 4 m **Ancho**: 4 m

❀❀ ◊ ☼ ☀ ♈

Gaultheria mucronata

La *Gaultheria* es un arbusto enano que se cubre de frutas muy vistosas de aspecto lustroso durante el otoño. Exige poda mínima, a menos que la planta se esté extendiendo demasiado y se deba contener su desarrollo. Se recomienda hacer esta tarea a comienzos de la primavera.

Alto: 1,2 m **Ancho**: 1,2 m

❀❀❀ ◊ ☼ ☀

Genista aetnensis

La genista o retama del Monte Etna es un arbusto grande y elegante con flores estivales perfumadas. Para mantener la forma y favorecer el desarrollo de brotes, pode ligeramente apenas florece. No corte las ramas más antiguas ya que este arbusto no se regenerará.

Alto: 8 m **Ancho**: 8 m

❀❀❀ ◊ ☼ ♈

Griselinia littoralis

Esta es una planta perenne de excelentes cualidades que se puede cultivar como arbusto o como seto. Si crecen demasiado, pode los setos a fines del verano y los arbustos independientes a comienzos de la primavera. A principios de la primavera, retire los brotes dañados por el clima frío y las heladas.

Alto: 8 m **Ancho**: 5 m

❀❀❀ ◊ ☼ ♈

Hamamelis x intermedia *Pallida*

El *Hamamelis* es un encantador arbusto perfumado que florece a fines del invierno o a comienzos de la primavera. Es adecuado para un jardín pequeño si se conserva su tamaño. Para lograrlo, una vez que haya terminado de florecer, realice una poda de espolones sobre todos los brotes del año anterior hasta dejar dos o tres brotes (*véase págs. 50-51*).

Alto: 4 m **Ancho**: 4 m

❀❀❀ ◊ ◊ ☼ ☀ ♈

Guía para la poda de plantas (He-Ja)

Hedera helix
Las hiedras son plantas trepadoras muy versátiles que se aferran por sí mismas. Cubren paredes, cercos y árboles y funcionan muy bien para llenar espacios vacíos. Si crecen demasiado, realice una poda severa para reducir su tamaño. Pode en cualquier momento desde fines de la primavera hasta mediados del verano para mantener la planta prolija.

Alto: 10 m
❀❀❀ ◊ ◊ ◐ ☼ ☀

Hydrangea arborescens *Grandiflora*
Esta hortensia, que florece en verano, posee cabezuelas grandes de color blanco cremoso. Pode como si fuera una planta perenne, hasta 5-10 cm a nivel del suelo al inicio de la primavera.

Alto: 2,5 m **Ancho**: 2,5 m
❀❀❀ ◊ ◊ ☼ ☀ ♔

Hydrangea macrophylla
Las cabezuelas de estas hortensias crecen sobre los brotes desarrollados la temporada anterior. Consérvelos durante el invierno para proporcionarle protección a la planta contra las heladas. A mediados de la primavera, corte los brotes del año anterior hasta dejar un par de capullos sanos y retire los brotes débiles o marchitos (*véase pág. 47*).

Alto: 2 m **Ancho**: 2,5 m
❀❀❀ ◊ ◊ ☼ ☀

Hydrangea paniculata
Estas hortensias producen cabezuelas de gran tamaño con forma de cono. Para que se mantengan pequeñas, pode todos los tallos de la temporada anterior a principios de la primavera hasta obtener dos o tres pares de brotes como para formar una estructura de tallos de poca altura (*véase pág. 46*).

Alto: 3-7 m **Ancho**: 2,5 m
❀❀❀ ◊ ◊ ☼ ☀

Hydrangea petiolaris
Esta hortensia trepadora, que se adhiere fácilmente a las paredes y los cercos, exige poca poda. Retire los brotes demasiado largos a comienzos de la primavera y las cabezuelas viejas una vez que la planta florece. Si se vuelve demasiado vigorosa, realice una poda severa a comienzos de la primavera, pero es posible que luego no florezca hasta dentro de dos años.

Alto: 15 m
❀❀❀ ◊ ◊ ☼ ☀

Hypericum *Hidcote*
Para que esta planta se mantenga compacta y se llene de flores amarillas en verano, retire las ramas secas a comienzos de la primavera y pode los tallos restantes dejando una distancia de 5 a 10 cm del suelo. Corte también un tercio de los tallos más antiguos de los arbustos grandes.

Alto: 1,2 m **Ancho**: 1,5 m
❀❀❀ ◊ ◊ ☼ ☀ ♔

Ilex aquifolium *Pyramidalis Aureomarginata*

Este acebo es un llamativo árbol (*véase pág. 70-71*). Se puede guiar para darle una estructura formal o utilizarlo como seto. Pódelo a comienzos de la primavera (todos los acebos toleran la poda severa) y retire todo el follaje verde que tenga a la vista.

Alto: 6 m **Ancho**: 5 m
❋❋❋ ◊ ◊ ☼ ☀

Ilex crenata

El acebo crenata posee hojas pequeñas con bayas negras brillantes y queda muy bien como seto o como planta artística. Es una alternativa adecuada en lugar de un seto de boj (*Buxus*) y se poda de la misma manera (*véase págs. 98-99*).

Alto: 5 m **Ancho**: 4 m
❋❋❋ ◊ ◊ ☼ ☀

Indigofera heterantha

Este arbusto se cubre de grandes cantidades de flores de color rosa similares a las arvejillas durante el verano. A comienzos de la primavera, haga una poda severa de las plantas de gran tamaño. Durante inviernos muy crudos se puede marchitar, pero si se realiza una poda severa, la planta producirá muchísimos brotes desde las partes inferiores.

Alto: 2-3 m **Ancho**: 2-3 m
❋❋❋ ◊ ◊ ☼ ♈

Itea ilicifolia

Este arbusto perenne produce muchísimos tallos alargados que se llenan de flores verdes en el verano. Se puede cultivar como arbusto independiente o contra una pared. Cuando la planta es joven, pódela para darle forma a comienzos de la primavera. En plantas más viejas, simplemente corte los brotes largos.

Alto: 3-5 m **Ancho**: 3 m
❋❋ ◊ ◊ ☼ ♈

Jasminum nudiflorum

El jazmín de invierno produce flores amarillas brillantes durante todo el invierno y comienzos de la primavera. Generalmente se guía contra una pared o un cerco. A inicios de la primavera, pode los brotes largos y delgados inmediatamente después de que haya terminado de florecer.

Alto: 3 m **Ancho**: 3 m
❋❋❋ ◊ ◊ ☼ ☀ ♈

Jasminum officinale

El jazmín común produce flores blancas y perfumadas en el verano. Es una planta trepadora vigorosa y se puede guiar para que ascienda por las paredes o por encima de otras estructuras. Pode la planta en cualquier momento del año para conservar el tamaño. A comienzos de la primavera puede realizar una poda severa en aquellas plantas que hayan crecido demasiado.

Alto: 12 m
❋❋ ◊ ◊ ☼ ☀ ♈

Guía para la poda de plantas (Ke-Lu)

Kerria japonica *Golden Guinea*

Este arbusto forma racimos con grandes flores doradas a fines de la primavera. Conocido como *Kerria*, a veces crece demasiado. Para conservar el tamaño, realice una poda severa o recorte los tallos cada año luego de que aparezcan las flores.

Alto: 2 m   **Ancho**: 2,5 m

❀❀❀ ◊ ◖ ☼ ☀ ♈

Kolkwitzia amabilis *Pink Cloud*

Este es un arbusto de gran tamaño, con ramas pendulares que se cubren de flores color rosa a fines de la primavera. Pódelo una vez que florece y retire aproximadamente un tercio de los tallos en flor más antiguos (*véase pág. 57*). Corte las plantas de gran tamaño a comienzos de la primavera hasta 30 cm por encima del nivel del suelo.

Alto: 3 m   **Ancho**: 4 m

❀❀❀ ◊ ◖ ☼ ♈

Laurus nobilis

El laurel es un arbusto perenne que se puede guiar para lograr varios diseños formales. Además, es una planta excelente para crear formas artísticas. Pode las plantas con diseños formales y artísticos (*véase págs. 112-117*) a comienzos del verano, pero utilice tijeras de podar en lugar de podadoras para darles forma.

Alto: 12 m   **Ancho**: 10 m

❀❀ ◊ ◖ ☼ ☀ ♈

Lavandula angustifolia

Esta planta de lavanda se llena de flores aromáticas violáceas durante el verano. Es excelente para formar setos de poca altura. Para mejores resultados, córtela dos veces por año: pódela a comienzos de la primavera y luego ligeramente una vez que haya terminado de florecer (*véase págs. 64-65*).

Alto: 1 m   **Ancho**: 1,2 m

❀❀❀ ◊ ☼

Lavatera x clementii *Barnsley*

La malva es un arbusto perenne que produce grandes cantidades de flores grandes color rosa pálido en el verano. Para mantener la planta sana, pódela en primavera aproximadamente hasta los 30 cm de altura. Retire también todas las ramas muertas, enfermas o débiles.

Alto: 2 m   **Ancho**: 2 m

❀❀❀ ◊ ☼

Lespedeza thunbergii

Este encantador arbusto perenne, que florece a fines del verano, se cubre de flores color rosa profundo similares a las arvejillas. Pode todos los tallos en primavera justo por encima del nivel del suelo y rápidamente aparecerán nuevos brotes.

Alto: 2 m   **Ancho**: 3 m

❀❀❀ ◊ ☼ ♈

Leycesteria formosa

Este arbusto posee flores blancas rodeadas de brácteas granate durante el verano y luego bayas color púrpura. Es prácticamente indestructible. Se puede dejar sin podar, pero crece igualmente bien si se realiza una poda severa cada año a comienzos de la primavera.

Alto: 2 m **Ancho**: 2 m
✿✿✿ ◊ ◐ ☼ ☼ ☼ ♈

Ligustrum lucidum

Los racimos de flores blancas de este arbusto perenne aparecen a fines del verano. Posee una encantadora forma simétrica y requiere una poda mínima. Ocasionalmente, puede ser necesario cortar algunas ramas para mantener la forma.

Alto: 10 m **Ancho**: 10 m
✿✿✿ ◊ ☼ ☼ ☼ ♈

Lonicera nitida

Este tipo de madreselva perenne generalmente se utiliza como planta para setos o como arbusto. Cuando la cultive para formar un seto, córtela varias veces durante el verano para mantener la forma. En cambio, si la cultiva como arbusto, pode aproximadamente un tercio de los tallos a comienzos de la primavera.

Alto: 3,5 m **Ancho**: 3 m
✿✿✿ ◊ ◐ ☼ ☼

Lonicera periclymenum
Graham Thomas

Si lo que está buscando es una planta trepadora muy perfumada que florezca en verano, esta es la planta ideal para usted. Si luce desprolija, pódela a comienzos de la primavera. Cuando lo haga, retire también las ramas secas o dañadas (*véase pág. 84*).

Alto: 7 m
✿✿✿ ◊ ◐ ☼ ☼ ☼ ♈

Lonicera x purpusii

Esta tupida madreselva se cultiva por sus flores muy perfumadas de color blanco cremoso que aparecen durante el invierno. Para que la planta mantenga un tamaño fácil de manejar, corte un tercio de los tallos antiguos prácticamente a nivel del suelo a comienzos de la primavera (*véase págs. 52-53*).

Alto: 2 m **Ancho**: 2,5 m
✿✿✿ ◊ ☼ ☼

Luma apiculata

Arbusto perenne o árbol pequeño que se cultiva por la atractiva corteza y las pequeñas flores blancas que aparecen a fines del verano. A medida que crece, retire algunas de las ramas inferiores en verano para dejar completamente a la vista su maravillosa corteza.

Alto: 10-15 m **Ancho**: 10-15 m
✿✿ ◊ ☼ ☼ ☼ ♈

Guía para la poda de plantas (Ma-Ph)

Magnolia grandiflora

Cultive este encantador árbol perenne que florece en verano contra una pared con orientación norte y pódelo en primavera o verano para mantener la forma. La poda evita que la planta se marchite y favorece la recuperación de las ramas quebradas antes de los fríos meses del invierno.

Alto: 6-18 m **Ancho**: 15 m
✳✳ ◊ ◊ ☼ ☀

Magnolia x loebneri
Leonard Messel

Este árbol, que florece en primavera, requiere una poda mínima. Cuando la planta es joven, es posible que sea necesario quitar algunas de las ramas inferiores durante la primavera o el verano para darle una buena forma. A medida que crece, corte las ramas que interfieran en el camino.

Alto: 8 m **Ancho**: 6 m
✳✳✳ ◊ ◊ ☼ ☀ ♈

Mahonia aquifolium

Este arbusto perenne,que florece en el invierno, funciona muy bien para cubrir espacios vacíos. Para que la Uva de Oregón mantenga un tamaño razonable, pódela al ras del piso cada tres o cuatro años luego de que florece o retire un tercio de los tallos cada año.

Alto: 1 m **Ancho**: 1 m
✳✳✳ ◊ ◊ ☼ ☀ ☀

Mahonia x media *Charity*

En caso de que este arbusto perenne con flores invernales crezca demasiado, haga una poda severa a comienzos de la primavera (*véase págs. 68-69*). Para mantener la forma, pode a comienzos de la primavera y retire los brotes en flor para favorecer el crecimiento desde la parte inferior.

Alto: hasta 5 m **Ancho**: hasta 4 m
✳✳✳ ◊ ◊ ☼ ☀ ☀

Malus *Golden Hornet*

Cuando este manzano ornamental, que produce flores y frutos, sea una planta joven, retire las ramas inferiores en invierno para conservar la forma. En árboles más viejos, retire las ramas secas o infectadas inmediatamente.

Alto: 10 m **Ancho**: 8 m
✳✳✳ ◊ ◊ ☼ ☀

Malus hupehensis

Este es un manzano que produce flores y frutos. Cuando la planta es joven retire las ramas más bajas en invierno para conservar la forma. Saque las ramas muertas o enfermas de las plantas de más edad en cualquier momento y corte aquellas que estén fuera de lugar.

Alto: 12 m **Ancho**: 12 m
✳✳✳ ◊ ◊ ☼ ☀ ♈

Nandina domestica

Este arbusto perenne, que forma racimos, da flores blancas durante el verano y bayas en el otoño. Para mantener la forma, pode los tallos más antiguos en el verano. Una poda excesiva reduce la cantidad de flores que produce la planta.

Alto: 2 m **Ancho**: 1,5 m ❋❋ ◊ ◑ ☼ ♆

Olearia stellulata

La planta de margaritas es un arbusto perenne y compacto, de floración libre que se cubre de flores blancas a fines de la primavera. Realice una poda severa de los tallos desprolijos inmediatamente después de que haya finalizado de florecer.

Alto: 2 m **Ancho**: 2 m

❋❋ ◊ ☼

Osmanthus heterophyllus *Variegatus*

Este arbusto perenne, compacto, con pequeñas flores blancas aromáticas y hojas similares a las del acebo, se utiliza para setos o diseños artísticos (*véase págs. 112-117*). Pode los setos a fines de la primavera o a comienzos del verano y corte los diseños artísticos en el verano.

Alto: 5 m **Ancho**: 5 m

❋❋ ◊ ☼ ☼

Parthenocissus tricuspidata

La hiedra de Boston es una planta trepadora que se adhiere vigorosamente y que se cultiva por el atractivo color de su follaje otoñal que va desde el rojo brillante hasta el morado. Pode esta planta ya sea en primavera, antes de que salgan las hojas, o en otoño luego de que hayan caído, para conservar la forma.

Alto: 20 m

❋❋❋ ◊ ◑ ☼ ☼ ♆

Perovskia *Blue Spire*

Este es un hermoso arbusto compacto que da flores azules a fines del verano y que posee un atractivo follaje plateado. Pódelo anualmente en primavera. Corte los tallos hasta 15 cm para fomentar el desarrollo de brotes fuertes que florecerán al verano siguiente.

Alto: 1,2 m **Ancho**: 1 m

❋❋❋ ◊ ☼ ♆

Philadelphus

El celindo o falso jazmín se cultiva por sus flores blancas muy perfumadas que aparecen a principios del verano. Cada tres o cuatro años, y a comienzos de la primavera, realice una poda severa del arbusto hasta 15 cm o elimine un tercio de los tallos anualmente, después de que florezcan (*véase pág. 57*).

Alto: hasta 3 m **Ancho**: hasta 2,5 m

❋❋❋ ◊ ◑ ☼ ☼ ♆

Guía para la poda de plantas (Ph-Rh)

Photinia x fraseri
Red Robin

Un arbusto perenne que posee atractivos brotes nuevos color rojo brillante y que se puede cultivar como único arbusto o como seto decorativo. Si se lo utiliza como seto, córtelo a fines del verano. Si lo planta como arbusto, déle forma a comienzos de la primavera.

Alto: 5 m **Ancho**: 5 m
❁❁❁ ◊ ◊ ☀ ☼ ☽ ♈

Phygelius x rectus
African Queen

Esta planta da flores color naranja, alargadas y tubulares, durante el verano. Para evitar que la planta luzca leñosa, se debe tratar como una perenne y cortar todos los tallos prácticamente hasta el nivel del suelo en primavera.

Alto: 1,5 m **Ancho**: 1,5 m
❁❁ ◊ ◊ ☀ ♈

Physocarpus opulifolius
Dart's Gold

Un atractivo arbusto que forma racimos, con follaje nuevo de un amarillo brillante y que produce flores blancas a comienzos del verano. Esta planta requiere muy poca poda, pero se deben quitar los tallos externos que puedan perjudicar el aspecto de la copa.

Alto: 2 m **Ancho**: 2,5 m
❁❁❁ ◊ ◊ ☀ ☽ ♈

Pittosporum tenuifolium

Muchas variedades de este arbusto perenne poseen un follaje multicolor, que lo convierte en un atractivo punto de atención en diseños formales. Sólo es necesario mantener la simetría de la planta, para lo que se debe podar ligeramente a fines de la primavera.

Alto: 4-10 m **Ancho**: 2-5 m
❁❁ ◊ ◊ ☼ ☽ ♈

Potentilla fruticosa
Goldfinger

Un atractivo arbusto pequeño con flores doradas durante el verano. Esta hermosa y tupida potentilla sólo necesita una ligera poda a comienzos de la primavera para mantener su forma redondeada.

Alto: 1 m **Ancho**: 1,5 m
❁❁❁ ◊ ☼

Prunus avium
Plena

Este cerezo ornamental produce largas flores blancas a mediados de la primavera. Pódelo a comienzos del verano para reducir el riesgo de infecciones. Corte las ramas secas, infectadas o entrecruzadas. Los árboles jóvenes se deben podar en la misma época del año.

Alto: 12 m **Ancho**: 12 m
❁❁❁ ◊ ◊ ☼ ♈

Prunus laurocerasus

El laurel cerezo es una planta perenne con hojas verde brillante. Pode los arbustos a comienzos de la primavera para reducir su tamaño, y los setos a comienzos del otoño. Para hacerlo, utilice tijeras de podar, ya que las podadoras arruinan las hojas. En primavera, pode las plantas muy crecidas justo por encima del nivel del suelo.

Alto: 8 m **Ancho**: 10 m

❄❄❄ ◊ ◗ ☼ ☼ ♛

Prunus mume

Este atractivo cerezo ornamental florece de manera temprana sobre los brotes del año anterior. A comienzos del verano, reduzca la extensión de todas las ramas principales a 30 cm para estimular el desarrollo de brotes que se cubrirán de flores la primavera siguiente.

Alto: 9 m **Ancho**: 9 m

❄❄❄ ◊ ◗ ☼

Prunus serrula

La atractiva corteza rojiza de este cerezo ornamental se convierte en una característica muy llamativa durante el invierno. A comienzos del verano, pode las ramas inferiores de los árboles jóvenes para dejar al menos 1,8 m de tronco despojado. Pode las ramas secas y enfermas.

Alto: 10 m **Ancho**: 10 m

❄❄❄ ◊ ◗ ☼ ♛

Pyracantha
Orange Glow

El espigo de fuego es un arbusto perenne o árbol pequeño que se cultiva por sus frutas otoñales e invernales color anaranjado. Se puede cultivar contra una pared, como seto o arbusto. Pódelo en primavera para mantener la forma y tenga la precaución de no cortar los pimpollos.

Alto: 3 m **Ancho**: 3 m

❄❄❄ ◊ ☼ ☼ ♛

Pyrus salicifolia *var.* orientalis
Pendula

Este atractivo peral con hojas plateadas produce flores color blanco cremoso y deliciosos frutos pequeños de color marrón. Pode las ramas inferiores de los árboles jóvenes en invierno para despejar el tronco y permitir que las ramas caigan en forma de cascada.

Alto: 5 m **Ancho**: 4 m

❄❄❄ ◊ ☼ ♛

Rhamnus alaternus
Argenteovariegata

Pode este arbusto perenne de rápido crecimiento a comienzos de la primavera para mantener la forma y evitar que se torne añoso. Si aparecen tallos con hojas totalmente verdes, retírelos inmediatamente.

Alto: 5 m **Ancho**: 4 m

❄❄ ◊ ☼ ♛

Guía para la poda de plantas (Rh-Ro)

Rhamnus frangula
Aspleniifolia
En otoño, este arbusto conocido como frángula posee un atractivo follaje color amarillo y bayas ornamentales. Responde muy bien a la poda severa prácticamente a nivel del suelo cada tres o cuatro años.

Alto: 3-4 m   **Ancho**: 2-3 m

❊❊❊ ◊ ☼ ☼

Rhododendron luteum
Esta azalea caducifolia se cultiva por sus atractivas flores amarillas perfumadas que aparecen a comienzos del verano, y por el color de su follaje otoñal. Generalmente, requiere muy poca poda, pero a comienzos de la primavera puede realizar una poda severa prácticamente al ras del suelo en las plantas demasiado crecidas.

Alto: 4 m   **Ancho**: 4 m

❊❊❊ ◊ ◊ ☼ ☼ ☼ ♉

Rhododendron
Nobleanum Group
La mayoría de los rododendros híbridos requieren muy poca poda o ningún tipo de poda, aunque las plantas con cortezas rugosas, de la familia del Nobleanum, se pueden podar a comienzos de la primavera ya que vuelven a crecer.

Alto: 5 m   **Ancho**: 5 m

❊❊❊ ◊ ◊ ☼ ☼

Rhododendron
Rose Bud
Esta atractiva azalea perenne requiere muy poca poda. No obstante, se puede guiar para lograr diseños formales y también se puede utilizar para crear setos atractivos de baja altura. A comienzos del verano y una vez que termina de florecer, corte ligeramente con podadora.

Alto: hasta 90 cm   **Ancho:** hasta 90 cm

❊❊❊ ◊ ◊ ☼

Rhus typhina
Arbusto caducifolio o árbol pequeño, esta planta conocida como zumaque de Virginia, posee un atractivo follaje que se torna naranja y rojo brillante en el otoño. Realice una poda severa a comienzos de la primavera para que la planta se mantenga compacta: corte las ramas hasta 30-60 cm del nivel del suelo.

Alto: 5 m o más   **Ancho:** 6 m

❊❊❊ ◊ ◊ ☼ ♉

Ribes sanguineum
Pulborough Scarlet
Los tallos de esta grosella ornamental se cubren en primavera de grandes cantidades de flores color rojo oscuro con centros blancos. Para contener el tamaño y la vigorosidad de la planta, pode anualmente un tercio de las ramas inmediatamente después de que la planta florezca.

Alto: 3 m   **Ancho:** 2,5 m

❊❊❊ ◊ ◊ ☼ ☼ ♉

Ribes speciosum
Este arbusto de la familia de la grosella se suele guiar contra una pared o un cerco. Luce unas hermosas flores rojas desde principios hasta fines de la primavera. Pode un tercio de los tallos más largos inmediatamente después de que la planta florezca y ate los tallos restantes a la pared o a un soporte.

Alto: 2 m **Ancho**: 2 m

❀❀❀ ◊ ◊ ☼ ☼ ♈

Robinia pseudoacacia
Frisia
La característica principal de este árbol caducifolio es su follaje dorado. Tale las plantas jóvenes cada primavera para lograr un pequeño arbusto dorado (*véase págs. 36-37*). No pode los árboles grandes salvo para eliminar las ramas secas o infectadas, ya que se recuperan muy lentamente.

Alto: 15 m **Ancho**: 8 m

❀❀❀ ◊ ◊ ☼ ♈

Rosa
Baby Love
Este rosal de patio se cultiva por sus exclusivas flores estivales color amarillo claro. Pode la planta a comienzos de la primavera y corte las ramas hasta la mitad para fomentar el desarrollo de las flores (*véase págs. 58-59*). Elimine también las ramas secas o infectadas y los brotes entrecruzados.

Alto: 1,2 m **Ancho**: 75 cm

❀❀❀ ◊ ◊ ☼ ♈

Rosa
Climbing Iceberg
Pode las rosas trepadoras en otoño o a principios de la primavera. Haga una poda de espolones en los brotes en flor de la temporada anterior hasta dejar dos o tres capullos para fomentar el desarrollo de las flores a comienzos del verano (*véanse también las págs. 86-89*). Ate los nuevos tallos que luzcan fuertes.

Alto: 3 m

❀❀❀ ◊ ◊ ☼ ♈

Rosa
Crimson Shower
Esta rosa rastrera se cultiva por sus flores de color rojo intenso. Si guía la planta en un soporte, retire algunas de las cañas más antiguas a comienzos de la primavera y realice poda de espolones (*véanse págs. 88-89*). Cuando se guía sobre un árbol, sólo es necesario cortar los brotes marchitos o enfermos.

Alto: 2,5 m **Ancho**: 2,2 m

❀❀❀ ◊ ◊ ☼ ♈

Rosa
Félicité Parmentier
Este es un antiguo rosal con un encantador perfume. Pode la planta a comienzos de la primavera. Para reducir la altura, corte los tallos principales aproximadamente un cuarto y pode ligeramente los brotes laterales (*véanse págs. 60-61*). Elimine los tallos secos, enfermos y entrecruzados.

Alto: 1,3 m **Ancho**: 1,2 m

❀❀❀ ◊ ◊ ☼ ♈

Guía para la poda de plantas (Ro-Sa)

Rosa glauca

Esta rosa se cultiva principalmente por su follaje color azul verdoso. Para que la planta se mantenga prolija y favorecer el desarrollo de brotes jóvenes fuertes, a principios de la primavera, pode un tercio de los tallos más antiguos. Realice una poda severa de las plantas que hubieran crecido demasiado a unos 15 cm, aproximadamente, del nivel del suelo.

Alto: 2 m **Ancho**: 1,5 m
❀❀❀ ◊ ◖ ☼ ⬙

Rosa *Lovely Lady*

Esta rosa, un híbrido de té con flores perfumadas color rosa salmón, se poda a comienzos de la primavera como todas las rosas de este tipo. Deje solamente tres o cuatro de los brotes más antiguos y córtelos aproximadamente unos 15 cm hasta dejar un capullo orientado hacia afuera (*véase pág. 62*).

Alto: 75 cm **Ancho**: 60 cm
❀❀❀ ◊ ◖ ☼ ⬙

Rosa mulliganii

Este rosal se cubre de flores blancas perfumadas en el verano y de escaramujos rojos en el otoño y trepará por los cercos o los árboles. Retire las cañas más antiguas a comienzos de la primavera y realice poda de espolones en los brotes laterales hasta dejar tres capullos para favorecer la floración (*véase págs. 88-89*).

Alto: 6 m
❀❀❀ ◊ ◖ ☼ ⬙

Rosa *Paul Shirville*

El oscuro follaje rojizo y verde de esta rosa híbrido de té contrasta con sus perfumadas flores rosadas que aparecen desde el verano hasta el otoño. Pode esta planta de la misma manera que la *Lovely Lady* (*véase pág. 62*).

Alto: 1 m **Ancho**: 75 cm
❀❀❀ ◊ ◖ ☼ ⬙

Rosa *Queen Elizabeth*

Esta es una rosa floribunda que produce flores color rosa de verano a otoño. Pode la planta a comienzos de la primavera, y deje 6 a 8 tallos fuertes. Córtelos hasta aproximadamente unos 20 a 30 cm del nivel del suelo hasta dejar, si fuera posible, un capullo orientado hacia el exterior (*véase pág. 63*).

Alto: 2,2 m **Ancho**: 1 m
❀❀❀ ◊ ◖ ☼

Rosa *Queen Mother*

Pode este florido rosal con flores color rosa pálido a comienzos de la primavera. Corte todos los tallos aproximadamente hasta la mitad para favorecer el desarrollo de muchos brotes en flor (*véase págs. 58-59*). Elimine también los tallos muertos o enfermos y los brotes entrecruzados.

Alto: 40 cm **Ancho**: 60 cm
❀❀❀ ◊ ◖ ☼ ⬙

Rosa rugosa

Este rosal posee tallos espinosos y flores rojas muy perfumadas desde el verano hasta el otoño. Es muy adecuada como planta para setos y requiere una poda mínima además de retirar una o dos de las ramas más antiguas cada año a fines del invierno o comienzos de la primavera.

Alto: 1-2,5 m **Ancho**: 1-2,5 m
✿✿✿ ◊ ◗ ☼

Rosa *Sally Holmes*

Este es un rosal moderno que florece de verano a otoño y que se debe podar a comienzos de la primavera. Corte aproximadamente un cuarto de la planta y retire los tallos muertos, enfermos o entrecruzados y los brotes débiles con pequeñas ramas (*véase págs. 60-61*).

Alto: 2 m **Ancho**: 1 m
✿✿✿ ◊ ◗ ☼ ♈

Rosa *Trumpeter*

Al igual que la Queen Elizabeth (*página anterior*), esta rosa es una floribunda. Es muy apreciada por sus racimos de flores color naranja rojizo intenso que iluminan canteros y jardines desde el verano hasta el otoño. Pode esta planta de la misma forma que la *Queen Elizabeth* (*véase también pág. 63*).

Alto: 60 cm **Ancho**: 50 cm
✿✿✿ ◊ ◗ ☼ ♈

Rosmarinus officinalis

Esta hierba aromática tiene pequeñas hojas perennes plateadas y flores azules a fines de la primavera. Tras algunas temporadas las plantas no responden bien a la poda severa y es preferible reemplazarlas. A comienzos del verano pode las plantas jóvenes con una podadora una vez que las flores hayan desaparecido para mantener la forma.

Alto: 1,5 m **Ancho**: 1,5 m
✿✿ ◊ ◗ ☼

Rubus cockburnianus

Cultive esta zarza espinosa decorativa por su atractivo invernal, momento en que los tallos en flor se cubren de un blanco brillante. Pode prácticamente al ras del suelo todos los años a comienzo de la primavera para favorecer el desarrollo de brotes fuertes. Sea muy cuidadoso al cortar este arbusto ya que sus espinas son dañinas.

Alto: 2,5 m **Ancho**: 2,5 m
✿✿✿ ◊ ☼

Salix alba *var.* vitellina *Britzensis*

Los atractivos tallos color naranja y amarillo convierten a este tipo de sauce blanco en una planta muy llamativa durante el invierno. Tale todos los brotes. Retire primero los brotes débiles, marchitos o enfermos, hasta dejar dos o tres pares sanos (*véase págs. 36-39*).

Alto: 25 m si no se poda **Ancho**: 10 m
✿✿✿ ◊ ◗ ◗ ☼ ♈

Guía para la poda de plantas (Sa-Sy)

Salix daphnoides

Este sauce violeta se cultiva por su atractivo invernal, momento en que los tallos se cubren de flores blancas. Luego aparecen candelillas grises. Pode la planta en primavera, corte las ramas más fuertes hasta dejar dos o tres pares de capullos. Retire todos los tallos débiles, marchitos o enfermos.

Alto: 8 m **Ancho**: 6 m
❀❀❀ ◊ ◊ ☼

Sambucus nigra
Aurea

Este sauco ornamental se cultiva por sus flores blancas, frutos decorativos y hojas color amarillo dorado. Pódelo todos los años a comienzos de la primavera. Para hacerlo, corte todos los tallos hasta dejar dos o tres capullos en los brotes del año anterior y así obtenga una estructura similar a la de un *Cotinus* (*véanse págs. 48-49*).

Alto: 6 m **Ancho**: 6 m
❀❀❀ ◊ ◊ ☼ ☀ ♚

Santolina chaemaecyparissus

Su aromático follaje color gris y sus flores de verano, similares a pompones amarillos, caracterizan a este arbusto. Se puede cultivar como un seto de baja altura o como planta para bordes. También se puede plantar como arbusto. Córtelo en primavera con una podadora siguiendo el mismo procedimiento que se utiliza para la lavanda (*véanse págs. 64-65*).

Alto: 50 cm **Ancho**: 1 m
❀❀ ◊ ☼ ♚

Schizophragma hydrangeoides

Esta planta trepadora, que se adhiere vigorosamente, produce flores perfumadas con cabeza chata de color blanco cremoso que resaltan entre las hojas color verde oscuro en verano. Los requerimientos de poda son los mismos que se aplican a la *Hydrangea petiolaris* (*véase pág. 130*).

Alto: 12 m
❀❀❀ ◊ ◊ ☼ ☀

Skimmia japonica
Nymans

Este arbusto perenne se caracteriza por las flores perfumadas que aparecen desde mediados hasta fines de la primavera, seguidas por bayas rojas. Requiere una poda mínima, pero ocasionalmente se deben acortar algunos brotes para mantener la forma.

Alto: 6 m **Ancho**: 6 m
❀❀❀ ◊ ◊ ☼ ☀ ♚

Solanum crispum
Glasnevin

El tomatillo es una planta trepadora vigorosa y ligeramente tierna que se cultiva por sus flores estivales violáceas y fragantes. Requiere poda mínima, pero se puede cortar en primavera si crece demasiado.

Alto: 6 m
❀❀ ◊ ◊ ☼ ♚

Sorbus commixta
Árbol pequeño y erguido que se cultiva por los colores del follaje otoñal y las bayas rojas. Los sorbus requieren poca poda. De todas maneras, dé forma a la planta a comienzos del verano. Retire las ramas muertas o enfermas tan pronto como las detecte.

Alto: 10 m **Ancho**: 7 m
❀❀❀ ◊ ◊ ☼ ☀

Spiraea japonica
Este es un arbusto pequeño de hojas caducifolias, que forma racimos con flores rosas o blancas que aparecen desde mediados hasta fines del verano. Florece sobre los brotes desarrollados durante el año en curso, por lo tanto, realice una poda severa a comienzos de la primavera si fuera necesario.

Alto: 2 m **Ancho**: 1,5 m
❀❀❀ ◊ ◊ ☼

Spiraea nipponica
Snowmound
Un arbusto de rápido crecimiento, con flores blancas que aparecen a mediados del verano sobre los brotes desarrollados el año anterior. Para favorecer el crecimiento de estos brotes, corte un tercio de los tallos más antiguos hasta la base de la planta inmediatamente después de que florezca.

Alto: hasta 2,5 m **Ancho**: hasta 2,5 m
❀❀❀ ◊ ◊ ☼ ⚲

Stachyurus *Magpie*
Arbusto multicolor que produce tallos pendulares en los que aparecen flores color amarillo durante la primavera. Se puede cultivar en una ubicación protagónica o contra una pared. No es necesario podarlo si se lo cultiva solo, mientras que aquellos que se cultivan contra una pared se pueden podar luego de que florezcan para cuidar la forma.

Alto: 1-4 m **Ancho**: 3 m
❀❀❀ ◊ ◊ ☼ ☀

Stewartia pseudocamellia
Este árbol se distingue por las flores blancas que aparecen en verano y por los agradables colores del follaje otoñal. También tiene una corteza ornamental que se puede apreciar si se quitan las ramas jóvenes más bajas a comienzos de la primavera para lograr un tronco despojado de hasta 1,8 m. No se requieren más tareas de poda para esta planta.

Alto: 20 m **Ancho**: 8 m
❀❀❀ ◊ ☼ ☀ ⚲

Syringa vulgaris
Las lilas producen flores muy perfumadas desde fines de la primavera hasta comienzos del verano. No es imprescindible podarlas, pero si tuviera que contener el crecimiento, puede realizar una poda severa todos los años luego de que florezcan, momento en el que se pueden eliminar algunos de los brotes.

Alto: 7 m **Ancho**: 7 m
❀❀❀ ◊ ◊ ☼

Guía para la poda de plantas (Ta-Wi)

Tamarix parviflora
Es un encantador árbol de poco tamaño con delicado follaje verde y grandes cantidades de flores pequeñas de color rosa que aparecen a fines de la primavera. A medida que pasa el tiempo, la planta se torna desordenada y se debe podar para mantener la forma. Florece a partir de los brotes desarrollados el año anterior. Pode una vez concluido este proceso.

Alto: 5 m **Ancho**: 6 m

✺✺✺ ◊ ◊ ☼

Tamarix ramosissima
Pink Cascade
Este tipo de tamariz posee un delicado follaje verde y muchísimas flores esponjosas color rosa intenso que aparecen desde fines del verano hasta comienzos del otoño. Pódelo a principios de la primavera y corte los tallos para mantener la forma.

Alto: 5 m **Ancho**: 5 m

✺✺✺ ◊ ◊ ☼

Taxus baccata
El tejo es una conífera perenne que se usa como planta para setos o para crear formas artísticas. También se puede guiar para lograr diseños formales. Pode los setos a fines del verano (*véanse págs. 96-97*) y corte los diseños artísticos y formales en el verano (*véanse págs. 112-117*).

Alto: hasta 20 m **Ancho**: hasta 10 m

✺✺✺ ◊ ☼ ☼ ☀ ♛

Tilia cordata
Winter Orange
Esta lima posee un follaje color amarillo brillante durante el otoño. Con el tiempo puede convertirse en un árbol grande, pero si se lo guía cuidadosamente, es ideal para lograr diseños entrelazados (*véase pág. 10*). Pódelo para darle forma en el invierno.

Alto: 25 m **Ancho**: 15 m

✺✺✺ ◊ ◊ ☼ ☼

Toona sinensis *Flamingo*
Este árbol forma racimos y se cultiva por su follaje nuevo color rosa brillante. El *Toona* también tiene flores blancas que aparecen a fines del verano y una atractiva coloración durante el otoño. A fines de la primavera, retire los brotes dañados por las heladas. Realice una poda severa en las plantas grandes durante la primavera y corte prácticamente al ras del suelo.

Alto: 15 m **Ancho**: 10 m

✺✺✺ ◊ ☼

Trachelospermum jasminoides
El jazmín estrella es una planta trepadora perenne con flores blancas, dulcemente perfumadas, que aparecen en verano. Se recomienda cultivar esta planta contra una pared resguardada. No es necesario podarla todos los años, pero puede reducir su altura si poda la planta a fines de la primavera.

Alto: 9 m

✺✺ ◊ ☼ ☼ ♛

Viburnum x bodnantense
Dawn
Cultivado por sus perfumadas flores color rosa durante el otoño y a principios del invierno, este arbusto se puede dejar sin podar para obtener una planta más grande o bien cortar un quinto al ras del suelo a principios de la primavera para que se mantenga pequeño.

Alto: 3 m **Ancho**: 2 m
❀❀❀ ◊ ◐ ☼ ☀ ♀

Viburnum tinus
Eve Price
Este arbusto perenne se cultiva por sus flores blancas que aparecen desde el otoño hasta comienzos de la primavera. No es necesario realizar una poda anual, pero se deben quitar los brotes dañados o enfermos cuando se los detecte. A comienzos de la primavera, realice una poda severa cuando las plantas hayan crecido demasiado.

Alto: 3 m **Ancho**: 3 m
❀❀❀ ◊ ◐ ☼ ☀ ♀

Vitex agnus-castus *var.* latifolia
El Vitex es un arbusto caducifolio con un follaje que resalta las flores color lila y azul oscuro que aparecen a fines del verano. A comienzos de la primavera, pode los brotes del año anterior hasta dejar dos o tres capullos.

Alto: 2-8 m **Ancho**: 2-8 m
❀❀ ◊ ☼

Vitis vinifera
Purpurea
En otoño o comienzos del invierno, corte esta vigorosa vid trepadora. Realice poda de espolones en todos los tallos laterales hasta dejar dos brotes de la temporada anterior, (*véanse págs. 34-35*) cortos y gruesos, a cada lado del tallo principal. En verano, acorte los tallos demasiado largos.

Alto: 7 m
❀❀❀ ◊ ◐ ☼ ♀

Weigela florida
Arbusto caducifolio cultivado por sus flores de forma tubular y color rosa oscuro que aparecen principalmente desde fines de la primavera hasta comienzos del verano. Para podar, afine y retire un tercio inmediatamente después de que la planta florece en el verano.

Alto: 2,5 m **Ancho**: 2,5 m
❀❀❀ ◊ ☼ ♀

Wisteria sinensis
Wisteria es una vigorosa planta trepadora que produce largas cadenas de flores perfumadas a fines de la primavera. En el invierno, realice una poda de espolones en todos los brotes del verano. Durante el verano, acorte los tallos largos y delgados hasta dos tercios (*véanse págs. 78-79*).

Alto: 9 m o más
❀❀❀ ◊ ◐ ☼ ☀ ♀

Calendario de poda

En esta guía, muy fácil de usar, aprenderá qué actividades de poda llevar a cabo durante los distintos momentos del año. Aplíquela simultáneamente con las secuencias paso a paso y con otras recomendaciones sobre poda de las secciones anteriores de este libro para lograr el mejor resultado. Recuerde también que dedicar algo de tiempo a limpiar y lubricar las herramientas de podar durante los meses de baja actividad permitirá evitar los riesgos de que las plantas contraigan enfermedades a través de cualquier lesión ocasionada durante la poda y así prolongar la vida útil de las herramientas de jardinería.

Calendario de poda: primavera

La primavera es una época del año llena de actividades y se deben realizar muchas tareas de poda en este momento. Comienza a aumentar el nivel de savia y crecen los brotes, lo que significa que existen más posibilidades de que las plantas florezcan después de la poda.

Pode ligeramente las hortensias a mediados de la primavera.

Tareas principales de poda

Las principales tareas de poda durante la primavera consisten en cortar arbustos que lucen sus ramas en invierno, como cornejos (*Cornus*), sauces (*Salix*) y zarzas decorativas (*Rubus*).

Continúe el proceso de poda con los rosales floribunda e híbridos de té. También puede aprovechar este momento para podar rosas trepadoras y rastreras si no hubiera tenido tiempo de hacerlo durante el otoño.

Ya que la mayoría de los árboles y arbustos caducifolios no tienen hojas en esta época del año, es posible ver con claridad y eliminar ramas dañadas durante el invierno a causa del frío y el clima ventoso. La forma esquelética de las plantas también facilita la identificación y la poda de brotes enfermos o entrecruzados.

Árboles para podar

Si bien en este momento del año se recomienda podar las plantas perennes como la *Magnolia grandiflora* y el acebo (*Ilex*), es preferible podar la mayoría de los árboles en verano o invierno. Particularmente, evite podar árboles que derraman savia en grandes cantidades como el abedul (*Betula*) y el nogal (*Juglans*) desde mediados de la primavera en adelante.

Arbustos para podar

Se deben podar las madreselvas frondosas que florecen en invierno, como la *Lonicera fragrantissima* y la *Lonicera standishii*. A mediados de la primavera, pode brezos (*Erica*), *Buddleja davidii*, plantas que florecen temprano como la camellia, el avellano, la *Mahonia*, los viburnos que florecen en invierno (*Viburnum* x *burkwoodii*), los cornejos (*Cornus*), los sauces (*Salix*) y los *Rubus*. A fines de la primavera, pode las hortensias y, una vez que florecen, la forsythia.

Pode las mahonias luego de que florezcan.

Plantas trepadoras para podar

Las clematis de los Grupos 2 y 3 se deben podar durante la primavera. Corte también cualquier tallo largo y desprolijo de las hortensias trepadoras (*Hydrangea petiolaris*) y las rosas trepadoras o rastreras que hayan quedado pendientes del otoño. No olvide podar las madreselvas trepadoras (*Lonicera*), el *Jasminum nudiflorum* y las hiedras (*Hedera*) que hubieran crecido demasiado.

Cuidado de setos

A fines del invierno o principios de la primavera, renueve los setos de ojaranzos (*Carpinus*), hayas (*Fagus*), tejos (*Taxus*) y acebos (*Ilex*) y pode los setos silvestres antes de que los pájaros comiencen a construir sus nidos. La poda de estos últimos también garantiza el desarrollo de las flores y, más tarde, de las bayas otoñales. La lavanda (*Lavandula*) se debe podar a mediados de la primavera.

Renueve los setos de ojaranzos y hayas a principios de la primavera.

Ate los brotes nuevos de las rosas trepadoras y rastreras con un cordel flojo.

Otras tareas

En primavera, ate los tallos nuevos y flexibles de las trepadoras. Al podar habrá quitado muchos de los brotes antiguos y entrelazados que ayudaban a las plantas a sujetarse a los soportes, por lo que ahora necesitarán una estructura adicional hasta que los nuevos tallos estén más consolidados.

Particularmente, las rosas trepadoras y rastreras no tienen el hábito natural de entrelazarse, por lo que debe atarlas. De manera similar, las clematis poseen muchos brotes tiernos que el viento puede dañar fácilmente si no se sujetan de manera adecuada.

Utilice cordel de jardinería para atar las plantas a los soportes. Si debe atar plantas trepadoras extensas con tallos gruesos, como las rosas, puede usar materiales resistentes y flexibles.

Calendario de poda: verano

El verano es el momento ideal para disfrutar de los resultados de las podas de invierno y primavera, pero aún quedan tareas importantes por hacer en esta época del año para mantener el jardín lo más atractivo posible.

A principios del verano, pode los brotes largos de la clematis que florecen en primavera.

Tareas principales

Durante el verano se deben podar varias veces los setos formales para mantener los bordes prolijos y rectos y los arreglos artísticos para mantener la forma. No pode los setos que marcan divisiones hasta fines del verano.

Retire las cabezuelas de las rosas para estimular el florecimiento continuo y pode los brotes a fines de la primavera y a principios del verano inmediatamente después de que hayan florecido, ya que las flores del año siguiente crecerán sobre los tallos que se generaron este año. También se deben podar todos los brotes, árboles o trepadoras que estén creciendo demasiado o generando obstrucciones.

Árboles para podar

El verano es un buen momento para podar todos los árboles, especialmente los frutales, como cerezos y ciruelos (*Prunus*) u otros integrantes de la familia rowan (*Sorbus*). Estos árboles tienden a sufrir enfermedades como el plateado o mal del plomo y podarlos en este momento ayuda a evitar estos problemas. A fines del verano, pode los espaldares de los manzanos y los perales.

Arbustos para podar

A principios del verano, pode la *Garrya*. Recorte los brotes largos de las *Camellias* una vez finalizado el proceso de florecimiento. Si hubieran crecido demasiado, ahora es el momento de realizar una poda severa. Pode los arbustos florecidos en primavera y a principios del verano como la *Deutzia*, el *Philadelphus*, las frondosas *Lonicera*, la *Kolkwitzia* y la *Weigela* de manera que puedan desarrollar muchos tallos nuevos para las flores del año próximo. A fines del verano, pode la *Escallonia*.

Plantas trepadoras para podar

A principios del verano, pode la *Clematis macropetala* y la *C. alpina,* y corte la *C. montana* si crece demasiado. Pode también los brotes delgados de wisterias para favorecer la producción de capullos de flores, y la hiedra (*Hedera*) si no lo hizo durante la primavera. Una vez que florecen, se deben podar las madreselvas trepadoras (*Lonicera*) y las cabezuelas de las hortensias trepadoras (*Hydrangea petiolaris*).

Cuidado de setos

Pode todos los tipos de setos a fines del verano una vez que las aves abandonen sus nidos. Puede dejar hasta la primavera aquellos setos que producen bayas para proporcionar alimento a las especies silvestres. Los setos formales se deben podar al menos dos veces durante el verano. Corte ligeramente los setos de lavanda (*Lavandula*) luego de que florezcan.

Pode todas las plantas frutales como el *Prunus serrula*.

La hiedra se puede podar desde la primavera hasta el otoño.

Elimine el material enfermo o dañado tan pronto lo detecte.

Otras tareas

Continúe guiando las trepadoras durante el verano. Las rosas trepadoras y rastreras se deben sujetar para proteger los brotes largos del daño del viento, ya que contienen las flores que aparecerán el año próximo. Siga el mismo paso con las clematis del Grupo 3 para mantener las plantas juntas y las wisteria para proteger los tallos del daño ocasionado por el viento.

Retire todos los brotes enfermos o marchitos de los árboles en cualquier momento. Queme el material sin vida de manera responsable o deposítelo en un sitio destinado a residuos. No lo utilice como abono.

Los árboles lucen muy diferentes cuando se cubren de hojas, compárelos entonces en verano y en invierno antes de decidir dónde podar. Las hojas vuelven pesadas las ramas y pueden bloquear caminos o vistas.

Calendario de poda: otoño

El jardín ya está listo para descansar hasta el invierno, pero mientras tanto, dedique algo de tiempo a disfrutar de la explosión de color que producen las hojas, las bayas de los árboles, los arbustos y las trepadoras ornamentales.

Tareas principales

No pode árboles ni arbustos durante el otoño a menos que sea absolutamente necesario. Existe una gran cantidad de esporas fúngicas en el ambiente durante este momento del año, lo que genera un gran riesgo de que distintas enfermedades penetren las superficies cortadas.

Sin embargo, sí es buen momento para podar rosales trepadores ya que en esta época sus tallos son bastante flexibles y es más sencillo guiarlos. Acorte las rosas hasta un tercio para evitar que el viento las sacuda. Póngase al día con cualquier actividad de poda que no haya tenido tiempo de realizar durante el verano, como por ejemplo, cortar los brotes delgados de las wisterias. También es el momento ideal para limpiar y afilar las herramientas de podar. Luego tómese un respiro para admirar el follaje y la profusión de frutos que tiene a su alrededor.

Limpie y lubrique las tijeras de podar y otras herramientas.

Árboles para podar

El otoño no es un buen momento para podar árboles, ya que las esporas fúngicas pueden posarse sobre los cortes producidos por la poda y aumentar el riesgo de infección.

Arbustos para podar

Si bien conviene realizar la mayor parte de las tareas de poda a fines del invierno o comienzos de la primavera, debe reducir la altura de los rosales híbridos de té y floribunda aproximadamente un tercio para evitar que los tallos se sacudan con el viento del invierno y se dañe el tallo principal y las raíces. Corte también las cabezuelas de la *Buddleja* y un tercio de los brotes de la parte superior. No corte las cabezuelas de las hortensias marchitas ya que ayudan a proteger los capullos de las heladas y también proporcionan una atractiva estructura arquitectónica durante el invierno. Los frutos y las bayas que se dejan sobre los arbustos ahora son de utilidad no sólo para las especies silvestres sino también como objetos decorativos.

Plantas trepadoras para podar

El otoño es la estación ideal para podar rosales trepadores. Estas plantas aún tienen savia en sus tallos, lo que las vuelve más flexibles y fáciles de guiar. Si este trabajo queda sin hacer hasta el invierno, los tallos perderán flexibilidad y será más probable que se partan. También puede podar la hiedra de Boston (*Parthenocissus*) después que caigan las hojas.

Cuidado de setos

Los setos que no se poden durante el verano se pueden podar ahora, pero no corte los setos silvestres ya que es preferible dejarlos hasta la primavera debido a que los frutos y las bayas se transforman en alimento para pájaros y otras especies durante los meses más fríos.

Los árboles tienden a contraer infecciones durante el otoño, por lo tanto, no los pode.

Pode las *Parthenocissus* trepadoras luego de que hayan caído sus hojas.

Cubra las plantas con material aislante para protegerlas de las heladas.

Otras tareas

El otoño es época de poner orden. Cubra los árboles o arbustos que necesiten protección contra las heladas, como palmeras, helechos y frutales. No corte las hojas de los helechos y las palmeras ya que protegen de las heladas. Para mayor protección, átelos juntos por encima de la parte central.

A medida que las hojas se caen, se vuelve más visible la estructura básica de las plantas y entonces podrá apreciar con mayor claridad qué podar durante la primavera. Recoja las hojas y las frutas caídas, como las manzanas, y utilícelas para preparar abono y humus que más tarde podrá esparcir debajo de las plantas podadas para alimentarlas y usar como mantillo.

Si le quedaron algunos troncos de la poda del verano, puede apilarlos en un espacio disponible para que los aprovechen las especies silvestres.

Calendario de poda: invierno

Durante el invierno se aprecia la estructura, la forma y la silueta de los árboles del jardín. El colorido de las ramas es otro espectáculo que ofrecen los canteros aún dormidos.

Pode los tallos de wisterias que haya cortado durante el verano.

Tareas principales

A fines del invierno o comienzos de la primavera es un buen momento para realizar una poda severa de los arbustos que crecen demasiado y que en esta época del año se encuentran latentes. También es posible ver claramente la estructura y los contornos desnudos de los árboles, lo que facilita las actividades de poda. El verano es la estación ideal para podar varios árboles, pero en ciertos casos, puede ser mejor el invierno ya que se dispone de más tiempo para hacer el trabajo de manera adecuada. No obstante, no pode cerezos ni ciruelos (*Prunus*).

Ahora también es el momento de admirar los resultados de las podas previas y de disfrutar de los atractivos troncos y tallos de árboles y arbustos como el arce y su corteza, similar a la piel de serpiente (*Acer davidii*), el abedul (*Betula*), el cerezo (*Prunus serrula*) y el cornejo (*Cornus*) que aportan características invernales maravillosas.

Árboles para podar

Este es un buen momento para podar una gran cantidad de árboles y arbustos (excepto frutales), ya que es posible identificar claramente las ramas entrecruzadas y las ramas enfermas. Pode árboles con cortezas ornamentales, como el *Acer davidii*, el *Acer griseum* y los abedules. Los manzanos y los perales también se deben podar durante el invierno.

Arbustos para podar

Pode los arbustos de gran tamaño o que hubieran crecido demasiado, como la *Mahonia* o el *Philadelphus*, en los que puede realizar una poda severa ahora o a comienzos de la primavera. Si realiza una poda de este tipo, es posible que pierda las flores del año entrante, pero la planta se recuperará el año subsiguiente.

Plantas trepadoras para podar

Realice poda de espolones en las wisterias durante el invierno, ya que los capullos aún no están totalmente desarrollados y, por lo tanto, es menos probable que se dañen. Corte también la *Actinidia* y el *Parthenocissus*, y renueve las hiedras (*Hedera*) que luzcan desprolijas. Retire los brotes largos que crecen alrededor de los marcos de puertas y ventanas y cuando hayan invadido las canaletas y crecido por debajo de las tejas de los techos. Recorte los tallos principales de todas las trepadoras demasiado altas, como *Hydrangea petiolaris*.

Cuidado de setos

El invierno es la estación ideal para realizar renovaciones y reducir la altura y ancho de los setos demasiado crecidos. Con un cepillo, retire la nieve de los setos, ya que el peso puede dañar la estructura. Deje el follaje vigoroso y dorado de los setos de los ojaranzos y las hayas durante los meses de invierno, porque aportan valor ornamental y además actúan como una excelente barrera contra el viento.

Pode los manzanos en invierno, cuando la estructura es más visible.

Si hay nieve, elimínela para evitar que dañe los setos.

El follaje y las bayas frescas son ideales para las decoraciones navideñas.

Otras tareas

Sujete todas las plantas que necesiten soporte. Al mismo tiempo, controle que los amarres y soportes no se hayan dañado durante las tormentas y que no estén demasiado ajustados alrededor de tallos y troncos. Utilice las bayas y las ramas perennes para preparar decoraciones navideñas.

Elimine los residuos de la poda. Triture los trozos de madera y así podrá contar con material valioso para mantillos. También puede preparar abono con los brotes tiernos. Un método alternativo es quemar el material, pero puede ser una práctica poco sociable si hay otras casas en las proximidades. Si no quiere quemarlo, otra opción es llevar todos los restos junto con otros residuos al sitio local de almacenamiento de desechos.

Índice

Índice

Agradecimientos

El editor agradece a quienes tuvieron la amabilidad de autorizar la reproducción de sus fotografías:

(Abreviaturas: s: superior; i: inferior; c: centro; iz: izquierda; der: derecha)

8 Imágenes de Alamy: Ian Fraser, Cothay Manor, Somerset. **11** Imágenes de DK Steve Wooster, Diseñador: Tom Stuart-Smith/ Homenaje a Le Nôtre/Chelsea Flower Show 2000 (s), Peter Anderson, diseñador: Tom Stuart-Smith/Chelsea Flower Show 2006.
13 Imágenes de DK: Peter Anderson, diseñadores: Marcus Barnett y Philip Nixon/Savills Garden, Chelsea Flower Show 2006.
27 www.henchman.co.uk; Tel.: 01635 299847. **40** Imágenes de DK: Steve Wooster: diseñadores: Arne Maynard y Piet Oudolf/Evolution/Chelsea Flower Show 2000.
84 Sarah Cuttle (s, der) (i, der); Jacqui Dracup (i, iz). **114** Biblioteca fotográfica de jardinería: Marie O'Hala, Bourton House, Gloucestershire.

El resto de las fotografías pertenece a
© Dorling Kindersley
Para obtener más información:
www.dkimages.com

El editor agradece al personal de jardinería de la Real Sociedad de Horticultura en Wisley por sus conocimientos y su ayuda.

Un especial agradecimiento a James Crebbin-Bailey de
Topiary Arts (tel.: 020 8894 2816; www.topiaryarts.com) por su asesoramiento sobre la poda artística.